ALEXANDRA URISMAN OTTO
ROGER TURESSON

GRETAS WEG

STATIONEN EINER BEWEGENDEN REISE

Aus dem Schwedischen
von Ulla Ackermann

Hoffmann und Campe

Die Originalausgabe erschien 2021 unter dem Titel *Gretas Resa*
bei Bokförlaget Polaris, Stockholm.

MIX
Papier aus verantwortungsvollen Quellen
FSC® C002795
FSC www.fsc.org

Der CO_2-Ausstoß dieses Druckproduktes wurde mit ClimateCalc berechnet und kompensiert:
South Pole
www.climatecalc.eu
Cert. no. CC-000090/LV

1. Auflage 2021

www.hoffmann-und-campe.de
Umschlaggestaltung und Layout: © Gabriella Lindgren Grafisk Formgivning, Lidingö
Umschlagabbildung: © Roger Turesson
Satz: Agentur Schön & Wider
Gesetzt aus der Adobe Caslon Pro und Montserrat
Druck und Bindung: Livonia Print Ltd.
Printed in Latvia
ISBN 978-3-455-01366-5

HOFFMANN UND CAMPE

Ein Unternehmen der
GANSKE VERLAGSGRUPPE

INHALT

VORWORT

MEINE ERSTE BEGEGNUNG MIT GRETA fand im Oktober 2018 statt. Es war Woche neun ihres Schulstreiks für das Klima, und wir saßen auf dem kalten Kopfsteinpflaster des Stockholmer Mynttorget vor dem schwedischen Parlament. Greta eingepackt im Zwiebellook, mit Wollmütze und warmen Handschuhen, ich frierend und ohne Sitzunterlage. Ich fragte Greta, ob sie Lust habe, mir etwas über das Klima beizubringen, damit ich das Wissen an meine Leser*innen weitergeben könne.

Ich hatte von Jura auf Journalismus umgesattelt und war erst frisch in die Reporterrolle geschlüpft. Bisher hatte ich als Volontärin bei der *Dagens Nyheter* Kriminalfälle verfolgt und Politiker*innen interviewt. Jetzt sollte ich gemeinsam mit Roger Turesson, dem erfahrensten Fotojournalisten der Zeitung, eine Reportage über die stille streikende fünfzehnjährige Schülerin mit den zwei geflochtenen Zöpfen machen. Roger hatte schon über weltweite Krisenherde, Präsidentschaftswahlen und aktuelle Nachrichtenthemen berichtet, als ich noch gar nicht geboren war.

Doch statt mich von Greta in Sachen Klima schulen zu lassen, recherchierte ich auf eigene Faust. Meine Redakteure erinnerten mich daran, dass die Fakten, auf die ich mich berief, genau das sein mussten: Fakten – keine aktivistischen Botschaften. Pflichtschuldig führte ich mir ein paar Forschungsberichte und Wissenschaftsstudien zum Klimawandel zu Gemüte, und heraus kam eine Personenreportage über die schwedische Schülerin, die zur Frontfigur einer wachsenden globalen Jugendbewegung geworden war. Von einem Wissensgewinn in Klimafragen konnte für meine Leser*innen kaum die Rede sein.

Roger und ich blieben mit Greta in Kontakt. Und als ihre Reise für das

Klima konkrete Formen annahm, schenkte sie uns das Vertrauen, sie begleiten zu dürfen. Wir folgten ihr nach London, Hamburg, Lissabon und Madrid. Nach North Dakota und Nebraska. Wir führten zahlreiche Interviews mit ihr und begannen ein Buch zu konzipieren.

Im Verlauf der Reise begriff ich, dass ich – um Gretas Motivation und Handeln zu verstehen – die Ausgangsfrage verstehen musste. Bislang hielt sich mein Interesse für Umwelt- und Klimafragen – milde ausgedrückt – in Grenzen, doch während Greta sich im Sommer 2019 auf ihre erste Atlantiküberquerung vorbereitete, unternahm ich zu Hause in Roslagen mit meiner Tochter im Kinderwagen lange Spaziergänge auf staubigen Schotterwegen und hörte mir dabei Hörbücher zum Klimawandel an. Als ich im Herbst in die Zeitungsredaktion zurückkehrte, weitete ich mein Umweltmonitoring aus. Bisher hatte ich mich fast ausschließlich auf schwedische Zeitungen und Sendungen im öffentlich-rechtlichen Rundfunk und Fernsehen fokussiert, jetzt begann ich internationalen Klimaforscher*innen auf Twitter zu folgen und las die von ihnen empfohlenen Artikel. Ich abonnierte diverse Newsletter zu Umwelt- und Klimathemen, folgte schwedischen und internationalen Sonderberichterstattern. Mein neuer Feed war global und einzig und allein auf Klimafragen ausgerichtet. Und vom Bildschirm schlug mir die Krise mit voller Wucht entgegen.

Über Nord- und Südkorea tobten Taifune, am Horn von Afrika herrschte eine verheerende Dürre. In Australien flohen die Menschen vor Buschbränden ans Meer, und aus den arktischen Permafrostböden stiegen Methangasblasen empor. Im Wochentakt wurden neue Forschungsberichte veröffentlicht, nirgends war auch nur ein Funken Hoffnung in Sicht. Überall tickte die Uhr unerbittlich.

Dies war nicht die Wirklichkeit, die von meiner Zeitung oder anderen schwedischen oder internationalen Medien geschildert wurde. Dies war eine Wirklichkeit, nach der man suchen musste, um ihr wahres Ausmaß zu erfassen. Obwohl vereinzelte Extremwettergeschehen und aktuelle Forschungsergebnisse dann und wann im Nachrichtenallerlei Erwähnung fanden, war doch nie die Klimakrise der Anlass der Berichterstattung. Es war, als gäbe es sie gar nicht.

In den ersten Wochen fühlte ich mich wie im Nebel. Eines Nachmittags – kurz bevor wir zu Greta in die USA aufbrachen – beobachtete ich meine dreijährigen Zwillinge durch das Fenster der Kita. Sie hatten sich verkleidet. Meine Tochter trug eine Bäckermütze und eine selbst gebastelte Perlenkette.

Mein Sohn hielt eine viel zu große Aktentasche in der Hand, und sein Kopf verschwand unter einem schwarzen Zylinder. »Tschüs, ich gehe jetzt zur Arbeit«, verabschiedete er sich von seiner Schwester.

Ich blieb draußen vor dem Fenster stehen und stellte Emissionsprognosen in Relation zum Alter meiner Kinder an. Wie würde die Welt aussehen, wenn sie *wirklich* zur Arbeit gingen? Wenn die Treibhausgasemissionen auf dem heutigen Niveau blieben, hätte die Kurve genau dann, kurz vor 2040, die Obergrenze des Pariser Klimaabkommens erreicht, und die globale Mitteltemperatur wäre um zwei Grad gegenüber der vorindustriellen Zeit gestiegen. Doch viele Klimaexpert*innen weisen nachdrücklich darauf hin, dass eine Beschränkung der Erderwärmung auf zwei Grad Celsius nicht ausreicht und der Grenzwert deutlich gesenkt werden müsse – möglichst auf unter 1,5 Grad.

Als ich aus meinen Gedanken aufwachte, mussten die Zwillinge schon eine ganze Weile gegen die Scheibe gehämmert haben, ihre Handflächen waren ganz rot. Wir gingen zu Fuß nach Hause, überquerten Rushhour-verstopfte Innenstadtstraßen und zeigten uns gegenseitig weiße Flugzeugkondensstreifen am Himmel. Ein Foodora-Lieferant knatterte auf seinem Roller vorbei und hinterließ eine Wolke aus Benzin- und Hamburgergestank. Die Werbeplakate entlang der Bürgersteige forderten zum Herbstshopping auf.

Eine Woche später flogen Roger und ich in die USA, um Gretas Reise auch auf der anderen Seite des Atlantiks zu begleiten. Greta hatte gerade vor den Vereinten Nationen gesprochen, und weltweit waren Millionen Kinder und Jugendliche für das Klima auf die Straße gegangen.

Trotzdem hing die Frage bleischwer in der Luft:

Wie soll so viel in so kurzer Zeit verändert werden?

DIE KOMPLETTE REISE

2018

20. August 2018, Stockholm
Greta beginnt ihren Schulstreik für das Klima. Bis zu den schwedischen Parlamentswahlen in drei Wochen will sie täglich vor dem Parlament streiken.

7. September 2018, Stockholm
Greta streikt zum letzten Mal vor den Parlamentswahlen. Am nächsten Tag verkündet sie, ihren Schulstreik vor dem Parlamentsgebäude fortzusetzen – ab jetzt jeden Freitag.

5. Oktober 2018, Den Haag
Greta führt ihren Freitagsstreik erstmals im Ausland durch.

6. Oktober 2018, Brüssel
Greta spricht am globalen Klimaaktionstag »Rise for Climate« vor dem EU-Parlament.

20. Oktober 2018, Helsinki
Greta spricht auf dem Senatsplatz vor zehntausend Menschen in der finnischen Hauptstadt.

31. Oktober 2018, London
Greta spricht bei der ersten großen Kundgebung der Klimabewegung Extinction Rebellion auf dem Londoner Parliament Square.

24. November 2018, Stockholm
Greta spricht bei der Stockholmer TEDx-Konferenz.

12. Dezember 2018, Katowice
Greta spricht bei der UN-Klimakonferenz COP24 im polnischen Katowice.

2019

25. Januar 2019, Davos
Greta spricht auf dem Weltwirtschaftsforum in den Schweizer Alpen. »Ich möchte, dass ihr handelt, als stünde euer Haus in Flammen. Denn das tut es.«

Winterferien

21. Februar 2019, Brüssel
Greta nimmt an einem Klimamarsch teil und spricht vor dem europäischen Wirtschafts- und Sozialausschuss.

22. Februar 2019, Paris
Greta streikt in der französischen Hauptstadt.

28. Februar 2019, Antwerpen
Greta streikt an einem Donnerstag im belgischen Antwerpen.

1. März 2019, Hamburg
Greta streikt in der norddeutschen Metropole.

15. März 2019, erster globaler Klimastreik
Nach Angaben der Organisation 350.org gingen im ersten globalen Klimastreik an mehr als 2000 Orten weltweit über 1,6 Millionen Menschen für Klimaschutz auf die Straße.

29. März 2019, Berlin
Greta streikt in Berlin. Sie wird mit dem deutschen Film- und Fernsehpreis »Goldene Kamera« ausgezeichnet und hält bei der Verleihung eine Rede.

16. April 2019, Brüssel
Greta spricht vor dem Umweltausschuss des EU-Parlaments.

17. April 2019, Vatikanstadt
Greta trifft Papst Franziskus auf dem Petersplatz.

18. April 2019, Rom
Greta spricht vor dem italienischen Senat.

19. April 2019, Rom
Greta protestiert an diesem Freitag auf der Piazza del Popolo.

Osterferien

23. April 2019, London
Greta spricht vor dem britischen Parlament.

1. Mai 2019, Ludvika
Greta nimmt im schwedischen Ludvika an einer Demonstration gegen das panskandinavische Neonazi-Netzwerk »Nordische Widerstandsbewegung« teil.

15. Mai 2019, Kopenhagen
Greta spricht beim »Klimamarsch des Volkes« vor ca. 40000 Teilnehmern in der dänischen Hauptstadt.

24. Mai 2019, zweiter globaler Klimastreik
Nach Angaben der Fridays-for-Future-Bewegung demonstrieren beim zweiten globalen Klimastreik an mehr als 1600 Orten weltweit über eine Million Menschen für Klimaschutz.

28. Mai, Wien
Greta spricht auf Arnold Schwarzeneggers Klimakonferenz »R20 Austrian World Summit« in der österreichischen Hauptstadt.

31. Mai, Wien
Greta streikt gemeinsam mit ca. 350000 Mitdemonstrant*innen in Wien.

12. Juni 2019, Södertälje
Greta feiert ihren Schulabschluss nach der neunjährigen schwedischen Grundschule.

13. Juni 2019, Stockholm
Greta spricht auf der Konferenz »Brilliant Minds« und trifft im Anschluss den ehemaligen US-Präsidenten Barack Obama.

19. Juli 2019, Berlin
Greta protestiert in der deutschen Hauptstadt.

21. Juli 2019, Caen
Greta wird mit dem »Prix Liberté« der französischen Region Normandie ausgezeichnet und trifft den D-Day-Veteranen Charles Norman Shay.

23. Juli 2019, Paris
Greta spricht vor der französischen Nationalversammlung.

2. August 2019, Stockholm
Greta streikt zum letzten Mal vor ihrer Atlantiküberquerung vor dem schwedischen Parlament.

9. August 2019, Lausanne
Greta streikt gemeinsam mit aus ganz Europa angereisten Fridays-for-Future-Aktivist*innen im schweizerischen Lausanne.

10. August 2019, Hambacher Forst
Greta besucht Umweltaktivist*innen, die den Hambacher Forst mit Baumhäusern und Zelten besetzen, um dessen Rodung durch den deutschen Energiekonzern RWE zu verhindern, der dort Braunkohle fördern will.

14. August 2019, Plymouth
Greta bricht zu ihrer ersten Atlantiküberquerung auf.

28. August 2019, New York
Greta kommt im Hafen von Manhattan an.

30. August 2019, New York
Greta demonstriert vor dem UN-Hauptquartier.

18. September 2019, Washington, D.C.
Greta spricht vor dem US-Kongress.

20. September 2019, New York und weltweit
Greta demonstriert nach Angaben der Organisatoren gemeinsam mit 250 000 Menschen in New York City.

27. September 2019, Montreal und weltweit
Greta demonstriert gemeinsam mit 500 000 Menschen in Montreal. Den Angaben der Organisatoren zufolge nehmen in der Woche vom 20. bis 27. September über sieben Millionen Menschen an den Demonstrationen teil.

1.–10. Oktober 2019, Quebec, Ontario, Chicago, Iowa City, Pine Ridge, Rapid City
Greta beginnt ihre Reise über den nordamerikanischen Kontinent mit einem kurzen Abstecher nach Tadoussac in Ontario, um Wale zu beobachten. Danach entschleunigtes Reisen durch Ontario, Freitagsstreik in Iowa City, gefolgt von Besuchen in Pine Ridge und im Standing-Rock-Reservat.

11. Oktober 2019, Denver
Greta streikt an diesem Freitag in Denver, Colorado. Dann durchquert sie mit dem Elektroauto Wyoming, Idaho und Montana.

18. Oktober 2019, Edmonton
Greta demonstriert in der Hauptstadt der kanadischen Provinz Alberta.

21. Oktober 2019, Jasper Nationalpark
Greta besucht den Nationalpark und filmt mit der BBC.

25. Oktober 2019, Vancouver
Greta streikt an diesem Freitag in Vancouver, British Columbia.

1. November 2019, Los Angeles
Greta protestiert in Los Angeles, Kalifornien.

8. November 2019, Charlotte
Greta demonstriert in Charlotte, North Carolina.

13. November 2019, Norfolk
Greta verlässt Nordamerika und bricht zu ihrer zweiten Atlantiküberquerung auf.

15. November 2019 33°44'N 72°23'W
Greta streikt auf See.

22. November 2019 36°54'N 51°49'W
Greta streikt auf See.

29. November 2019 42°19'N 25°03'W und weltweit
Greta streikt auf See. Einem Sprecher der Organisation Earth Uprising zufolge demonstrieren an diesem Freitag weltweit ca. zwei Millionen Menschen für Klimaschutz.

3. Dezember 2019, Lissabon
Greta kommt mit dem Katamaran »La Vagabonde« in Lissabon an.

6. Dezember 2019, Madrid
Greta demonstriert an diesem Freitag den Angaben der Veranstalter zufolge mit 500 000 Mitdemonstrant*innen.

11. Dezember 2019, Madrid
Greta spricht auf der UN-Klimakonferenz COP25. Das US-*Time Magazine* ernennt sie zur »Person des Jahres«.

13. Dezember 2019, Turin
Greta streikt an diesem Freitag im italienischen Turin.

15. Dezember 2019, Stockholm
Greta kommt nach Hause.

20. Dezember 2019, Stockholm
Greta streikt wieder auf dem Mynttorget vor dem schwedischen Parlament.

2020

17. Januar 2020, Lausanne
Greta streikt an diesem Freitag im schweizerischen Lausanne.

21. und 24. Januar 2020, Davos
Greta spricht auf dem Weltwirtschaftsforum und nimmt im Anschluss an einem Protestmarsch teil.

7. Februar 2020, Jokkmokk
Greta streikt an diesem Freitag im lappländischen Jokkmokk.

14. Februar 2020, weltweite Freitagsproteste
Den Veranstaltern zufolge finden an diesem Tag an 2000 Orten weltweite Klimademonstrationen statt. Greta streikt zu Hause in Stockholm.

21. Februar – 11. März 2020, Hamburg, Oxford, Bristol, Brüssel
Greta streikt in Hamburg, trifft Malala Yousafzai in Oxford, streikt in Bristol und spricht vor der EU-Kommission sowie dem EU-Parlament. Am 6. März – einem Freitag – streikt sie in Brüssel.

13. März 2020
Nachdem das Coronavirus Nordeuropa erreicht hat, streikt Greta zu Hause in den eigenen vier Wänden. Sie postet: »Schulstreik Woche 82. In einer Krise ändern wir unser Verhalten und passen es zum Wohl der Allgemeinheit an die neuen Umstände an.«

Greta isst während ihres Streiks vor dem schwedischen Parlament ihr Mittagessen auf dem Mynttorget.

Stockholm, 2. November 2018

no cow!
THE BORING SIDE

01

DIE ENTSCHEIDUNG

4. JUNI 2018

ALS GRETA SICH ZU HAUSE im Stockholmer Stadtteil Kungsholmen mit ihrem Laptop ins Wohnzimmer setzte, steckte der Hitzesommer 2018 noch in den Startlöchern. Die schwedischen Wälder brannten noch nicht, in Südeuropa waren noch keine Hitzewellen zu spüren. Die Menschen, die bald den Hitzetod sterben würden, lebten noch.

Greta klickte den E-Mail-Link an. Es war kurz vor 20 Uhr, die Videokonferenz sollte gleich beginnen – und damit der Initialschuss fallen für eine neue globale Klimabewegung. Noch vor wenigen Jahren wäre eine Situation wie diese undenkbar gewesen. Greta war schwer krank.

Vom Klimawandel habe sie zum ersten Mal mit acht Jahren in der Schule gehört, erzählte sie in unserem allerersten Interview. »Schaltet das Licht aus, wenn ihr aus dem Zimmer geht«, habe ihre Lehrerin während einer Unterrichtsstunde in der zweiten Klasse gesagt. »Und verbraucht nicht mehr Wasser als unbedingt nötig. Wir müssen Ressourcen sparen, um unseren Planeten zu schonen.« Während ihre Klassenkamerad*innen ihr neues Wissen in der nächsten Pause schon wieder vergessen zu haben schienen, ließ es Greta nicht mehr los. Damals habe sie gedacht, wenn die Menschheit, die doch eine Art unter vielen ist, wirklich imstande wäre, das Klima der Erde zu verändern, dann würde doch niemand mehr über etwas anderes reden? Dann würden doch alle anderen Themen in den Hintergrund treten?

Greta begann, sich auf eigene Faust mit dem Klimawandel zu beschäftigen. Und je mehr sie darüber lernte, umso mehr fühlte sie sich von den Erwachsenen verraten. In dieser Phase vertiefte sich die Kluft zu ihren Klassenkamerad*innen. Sie erinnert sich, dass viele ihrer Mitschüler*innen schnell »erwachsen« wurden, über Mode und Handys redeten. »Ich verstand nicht, warum in unserer Klasse unterschiedliche Cliquen mit unterschiedlichem Status entstanden. Ich fand das alles so unwichtig«, erzählte sie.

In der fünften Klasse bekam Greta Depressionen. Sie hörte auf zu sprechen, und sie hörte auf zu essen. Ihre Lehrerin Anita bemerkte schnell, dass etwas nicht stimmte. Mit geschultem Blick erkannte sie die Anzeichen: Sie war seit fast vierzig Jahren Lehrerin und kümmerte sich von jeher um Schüler*innen, die zusätzliche Unterstützung benötigten.

Anita stammt aus einem großbürgerlichen Zuhause mit Gouvernante und Köchin. Schon als junges Mädchen stand für sie fest: Sollte sie je eine Familie haben, dann eine große. Inzwischen hat sie fünf eigene Kinder und mehrere Pflegekinder. Ihr Engagement sollte sich als entscheidend für Greta herausstellen.

Schon wenige Wochen nach Schulbeginn fragte sie Greta, die nach der Stunde im Klassenzimmer zurückblieb, wie es ihr ginge, und bat sie, ihr zu erzählen, was sie bedrücke. Es war das erste Mal, dass Greta weinte und Anita sie tröstete.

Danach setzten sie sich mehrmals in der Woche im hinteren Teil der Schulbibliothek zusammen. Anfangs fanden ihre Treffen heimlich statt. Gretas Ängste verhinderten einen normalen Unterricht im Klassenverband, und Anita opferte ihre Freizeit, um ihr Nachhilfe zu geben. In der Mittagspause, vor dem Unterricht, in Freistunden. In der ersten Zeit las Anita Greta vor. Dicht nebeneinandersitzend tauchten sie in *Seide, Samt, Lappen, Lumpen* in das Leben der elfjährigen Elin während der vorletzten Jahrhundertwende ein. In *Eine Insel im Meer* begleiteten sie das Exil zweier jüdischer Mädchen aus Österreich, die im Zweiten Weltkrieg im Göteborger Schärengarten eine neue Heimat finden.

Dann stickten sie. Gretas Eltern und ihre Schwester Beata bekamen zu Weihnachten Stickbilder mit der Aufschrift »Mama«, »Papa«, »Kleine Schwester«. Nach und nach unterfütterte Anita diese Stunden mit Schulaufgaben in Schwedisch, Englisch und Geschichte. Greta schaffte die fünfte Klasse, fand langsam, aber sicher einen Weg aus der Depression heraus und nahm ihre Essstörungen in Angriff. Sie begann systematisch nach festem Plan zu essen. Gnocchi und Bananen. Aber sie sprach nur mit ihrer Familie und Anita, sonst mit niemandem.

Die Familie Ernman Thunberg schuf einen neuen Alltag, der dem Klimawandel Rechnung trug. Sie zogen ihr eigenes Gemüse, tauschten ihr Verbrennerauto gegen ein Elektroauto. Greta wurde Veganerin, ihr Vater Svante folgte ihrem Beispiel. Greta beschloss, nicht mehr zu fliegen, ihre Eltern taten es ihr nach. Für Gretas Mutter Malena, eine bekannte Opernsängerin, bedeutete dieser Verzicht eine große berufliche Umstellung. Engagements auf internationalen Bühnen waren fortan nicht mehr möglich.

»Es war schon ein merkwürdiges Gefühl, dass Mama eine so große Veränderung in ihrem Leben vornahm«, sagte Greta. »Aber ich finde trotzdem, dass ihr Beruf nicht wichtiger ist als das Ökosystem der Erde, die Biosphäre. Man muss aus einer anderen Perspektive heraus denken und einsehen, dass wir Menschen diejenigen sind, die klein sind.«

Als Greta an diesem 4. Juni 2018 zu Hause im Wohnzimmer auf dem Sofa saß und auf den Beginn der Videokonferenz wartete, verlief ihr Leben besser. Stabil. Sie hatte ihre Essstörungen überwunden, kinder- und jugendpsychiatrische Hilfe bekommen, konkrete Diagnosen erhalten – unter anderem selektiver Mutismus und Asperger-Syndrom –, und sie hatte die Schule gewechselt.

Anita blieb weiter an ihrer Seite. Nach zwanzig Jahren am selben Arbeitsplatz hatte sie ihre Versetzung beantragt und eine Stelle an Gretas neuer Schule bekommen. »Ich stand ohnehin kurz vor der Pensionierung«, erzählte Anita. »Und ich hatte den Eindruck, dass außer Gretas Eltern und mir nicht viele Menschen zu ihr durchdrangen. Ich möchte meine Rolle nicht überbewerten, aber ich glaube, dass es so war.«

Der fünfzehnjährigen Greta ging es besser als der elfjährigen Greta. Und ihre Eltern merkten, dass einer der Gründe dafür war, dass sie in der Familie mehr miteinander redeten. Dass sie keine Belanglosigkeiten austauschten, sondern ernsthafte Gespräche führten: Darüber, dass von introvertierten Menschen erwartet wurde, sich in eine Gesellschaft einzufügen, die für extrovertierte Menschen konzipiert war. Darüber, wie absurd es war, dass es als Tabu galt, auszusprechen, wie man sich wirklich fühlte. Und darüber, dass die Ursachen psychischer Erkrankungen damit zusammenzuhängen schienen, dass die Menschheit sich Lichtjahre von dem entfernt hatte, was einst ihr natürlicher Lebensraum war. Dass ausgebrannte Menschen Seite an Seite auf einem ausgebrannten Planeten leben.

Während des Frühjahrs schrieben sie ihre Gedanken und Überlegungen auf – und heraus kam ein Buch: *Szenen aus dem Herzen*. »Bei der Arbeit an dem Buch ging es Greta so gut wie lange nicht mehr«, erzählte ihr Vater Svante. »Ich glaube, dass wir nach den Ursachen geforscht und sie in Worte gefasst haben, war eine große Erleichterung für sie. Wir sahen, wie sie aufblühte und immer fröhlicher wurde.«

Greta bekam wieder Energie. Und ihr Engagement für das Klima wuchs. Als die schwedische Zeitung *Svenska Dagbladet* einen Schreibwettbewerb zum Thema Umwelt veranstaltete, verfasste Greta eine Kolumne und schickte sie ein.

»Ich möchte mich sicher fühlen«, schrieb sie. »… wie soll ich mich sicher fühlen, wenn ich weiß, dass wir uns in der größten Krise der Menschheitsgeschichte befinden? Wenn ich weiß, dass es bald zu spät ist, wenn wir nicht sofort handeln?«

Greta gewann den zweiten Platz, und ihre Kolumne wurde im *Svenska Dagbladet* veröffentlicht. Greta legte sich einen Instagram-Account zu und postete: »Zwei Tage hintereinander der meistgeteilte Artikel des *SvD* 😊 😊.«

Einer der Menschen, die Gretas Artikel lasen, war Bo Thorén.

Als Greta an diesem 4. Juni 2018 das blaue Icon mit der Aufforderung »Start« anklickte, erschienen auf ihrem Laptopbildschirm sein Gesicht in Großaufnahme sowie zwölf kleine Quadrate mit den Gesichtern der übrigen Konferenzteilnehmer*innen.

Der dreifache Familienvater Bo Thorén war von Beruf Softwareentwickler. Doch Yann Arthus-Bertrands Dokumentarfilm *Home*, den er sechs Jahre zuvor gesehen hatte, hatte ihm die Augen geöffnet. Die aus der Luft gedrehte Umweltdokumentation erzeugt beim Zuschauer das Gefühl, einmal rund um den Erdball zu reisen, während die Schauplätze einander ablösen: Das sterbende Great Barrier Reef, die künstlichen Inseln Dubais. Ein Brunnen, mitten in der Wüste, an dem Menschen und Tiere Seite an Seite ihren Durst stillen. Der aus dem Off gesprochene einleitende Kommentar hatte Bo Thoréns Leben verändert: »… und doch hat er [der Mensch] es geschafft, das Gleichgewicht der Natur zu gefährden. Die Geschichte, die wir erzählen, ist auch Ihre Geschichte, und jeder von Ihnen kann seine eigenen Schlussfolgerungen ziehen.«

Jetzt begrüßte er die Teilnehmer*innen und schlug vor, dass sich jeder kurz vorstellte. Es war das dritte Mal, dass er gemeinsam mit der Chalmers-Doktorandin Maria Jangsten eine Videokonferenz organisierte, die sich vor allem an klimainteressierte Jugendliche richtete. Maria hatte sich im Rahmen eines vom amerikanischen Ex-Vizepräsidenten Al Gore ins Leben gerufenen weltumspannenden Umweltprojekts zum »Climate Reality Leader« ausbilden lassen.

Bo und sie hatten einige engagierte Schüler*innen und Erwachsene eingeladen – ohne zu wissen, was bei ihrer Initiative herauskommen würde. Bo hoffte, dass einige der Teilnehmer*innen – ausgestattet mit Anregungen und Kontaktmöglichkeiten – im Anschluss selbst aktiv werden und weitere Anhänger mobilisieren würden.

»Ich dachte, dass die Jugendlichen der Schlüssel sind«, erzählte er. »Dass sie zu Recht wütend auf die Erwachsenen sind, die nichts tun – und wenn sie noch nicht wütend sind, es höchste Zeit für sie ist, es zu werden.«

Heute waren einige neue Gesichter dabei. Vier Gymnasiast*innen, zwei aus Gävle, zwei aus Uppsala, einige Lehrer und Hochschuldozenten, ein Musiker und ein Meteorologe. Und die jüngste Teilnehmerin, die mit ihrem Laptop auf den Knien zu Hause in Stockholm im Wohnzimmer auf dem Sofa saß.

»Hallo, ich heiße Greta Thunberg.«

Nach der Vorstellungsrunde ergriff der Meteorologe Martin Hedberg das Wort. Der Großteil der Teilnehmer verfüge sicher über fundierte Sachkenntnisse, meinte er, aber eine kleine Wiederholung könne vielleicht dennoch nicht schaden?

»Das letzte Mal, als die Mitteltemperatur der Erde 1,5 Grad Celsius höher war als vor der industriellen Revolution, lag der Meeresspiegel sechs bis neun Meter hoher als heute«, sagte er. »Und das letzte Mal, als die CO_2-Dichte in der Atmosphäre 400 Teile pro Million überschritt, war der Meeresspiegel 25 Meter hoher als heute.«

Greta hörte schweigend zu. Für sie war das, was Martin Hedberg sagte, nichts Neues. Ihr ganzes Leben kreiste um die Fakten, die er dozierte. Doch als Bo Thorén sie vor ein paar Tagen angerufen hatte, hatte sie ihm versprochen, bis zum Schluss an der Videokonferenz teilzunehmen.

»Wir Länder in den reichen Regionen der Welt haben historisch am meisten CO_2-Emissionen produziert, und trotzdem maßen wir uns an, hohe Anforderungen an die Länder in den ärmeren Regionen der Welt zu stellen«, sagte Martin Hedberg. »Das ist absurd. Wir brauchen eine Graswurzelbewegung und einen internationalen Schulterschluss über Ländergrenzen hinweg.«

Bo Thorén dankte Martin Hedberg, dann fuhr er fort, Maria und er hätten sich zwei Vorschläge überlegt, wie man aktiv werden könnte. Erstens: eine schwedische Version der »Zero Hour« ins Leben zu rufen, einen von Jugendlichen initiierten Protestmarsch, um die Klimakrise ins Bewusstsein der Öffentlichkeit zu rücken.

Greta sagte noch immer keinen Ton.

Zweitens – und diese Idee gefalle ihm besonders gut, sie sei zwar schwierig umzusetzen und könne unter Umständen auf großen Widerstand stoßen, aber gerade darin läge für ihn der Reiz: sich an einem Beispiel aus den USA zu orientieren.

»Ich denke an die Schülerproteste nach den Amokläufen an den Highschools«, verdeutlichte er. »Als die Schüler für strengere Waffengesetze demonstrierten, indem sie den Schulunterricht boykottierten. Daran könnten wir anknüpfen, nur auf das Klima bezogen. Eine Art Streik. Ein Schulstreik.«

Jetzt wurde Greta hellhörig. Die Idee gefiel ihr. Sie klang interessant.

Sie meldete sich zu Wort: »Wie wäre es, einen solchen Streik vor dem schwedischen Parlament zu organisieren? Eine Gruppe Kinder, die vor dem Parlament einen Sitzstreik abhält oder einen Protestmarsch veranstaltet?«

Maria Jangsten ist dieser Moment gut in Erinnerung geblieben. Sie wusste, dass Greta autistisch ist, das hatte Bo ihr im Vorfeld gesagt. Und sie spürte, dass an diesem Mädchen etwas Besonderes war. »Man hatte sofort großen Respekt vor ihr«, erzählte Maria. »Greta sagte nicht viel, aber das, was sie sagte, hatte Gewicht. Sie war unheimlich ernst.«

Die anderen Jugendlichen begannen darüber zu diskutieren, den Schulstreik gemütlich zu gestalten. Vielleicht mit einem gemeinsamen Picknick auf dem Schulhof? Oder indem man kreative Elemente einbaute, damit sich alle Teilnehmer individuell ausdrücken könnten? Die Idee, den Schulstreik vor dem Parlament zu organisieren, gefiel niemandem so recht.

»Alle meinten, das würde keinen Unterschied machen«, erzählte Greta mir später. Das Gerede, den Streik nett zu gestalten, störte sie. Als auch der Meteorologe Martin Hedberg betonte, dass der Streik so aufgezogen werden müsse, dass er den Teilnehmern Spaß mache und Anreize böte, war Gretas Geduld am Ende. »Das Klima zu retten ist kein Spaß, das ist eine ernste Sache. Ich lege jetzt auf. Diese Diskussion ist nicht seriös«, fiel sie ihm ins Wort.

Es war 2018, und Greta hatte keinen Telefonhörer, den sie auf die Gabel schmettern konnte. Sie hatte nur einen Cursor und ein rotes Icon in der unteren rechten Bildschirmecke: »Meeting verlassen«. Als Greta ihren Laptop zuklappte, war sie noch immer wütend. Aber die Idee eines Schulstreiks für das Klima ging ihr nicht mehr aus dem Kopf.

»Das Klima zu retten
ist kein Spaß,
das ist eine ernste
Sache.«

WIE VIEL ZEIT BLEIBT UNS NOCH?

DIE ATMOSPHÄRE IST EINE DÜNNE, aus verschiedenen Gasen bestehende Lufthülle, die unseren Planeten umgibt. Einige Gase nehmen die Wärme der Sonnenstrahlung auf, und wenn der Anteil dieser Gase in der Atmosphäre steigt, erwärmt sich die Erde. Der Treibhauseffekt setzt ein. Eines dieser Treibhausgase ist Kohlendioxid (CO_2). Die Verbrennung fossiler Rohstoffe hat dazu geführt, dass die atmosphärische CO_2-Konzentration heute dichter ist als seit mindestens 2,6 Millionen Jahren. 2020 hat sich die globale Mitteltemperatur an der Erdoberfläche gegenüber der vorindustriellen Zeit um zirka 1,2 Grad Celsius erhöht. Die Wissenschaftsgemeinde hat sich lange davor gescheut, den offiziellen Klimanotstand auszurufen – niemand wollte als Alarmist gelten. Doch im Sonderbericht des Weltklimarats (IPCC) »1,5 Grad Celsius globale Erwärmung« im Oktober 2018 schlugen die Experten Alarm. Oder war es eine flehentliche Bitte?

Der Abschluss des Pariser Klimaschutzabkommens, in dem alle Vertragsstaaten ihre Absicht erklären, Maßnahmen zu ergreifen, um die globale Erwärmung auf »deutlich unter« zwei Grad Celsius zu begrenzen, lag inzwischen drei Jahre zurück.

Doch die Forschungsergebnisse des IPCC-Sonderberichts sprachen eine deutliche Sprache: Eine globale Erwärmung von zwei Grad Celsius hätte fatale Konsequenzen. Der anvisierte Grenzwert müsse unbedingt auf unter 1,5 Grad gesenkt werden.

UM DIE ZAHLEN IN RELATION zu setzen, enthält der Sonderbericht eine verbindliche Messeinheit: ein globales CO_2-Budget. Wie viel CO_2 darf die Menschheit noch ausstoßen, um das Temperaturlimit zu halten? Wann ist das Kontingent ausgeschöpft?

Antwort: Wenn meine dreijährigen Zwillinge in die vierte Klasse gehen. Bleiben unsere CO_2-Emissionen unverändert auf heutigem Stand, hatten wir – am Jahresende 2020 – noch sieben Jahre, bis das globale CO_2-Budget zum Einhalten der 1,5-Grad-Grenze aufgebraucht ist. Aber nicht nur die weltweiten CO_2-Emissionen müssen drastisch reduziert oder auf null gesenkt werden, dasselbe gilt für andere Treibhausgasemissionen wie Methan oder Lachgas.

Doch auch die Einhaltung des CO_2-Limits ist kein Garantieschein für die Erfüllung des Temperaturziels, es gewährt lediglich eine Wahrscheinlichkeit von knapp 67 Prozent.

Nahezu alle Wege, die der Weltklimarat als Lösungspfade nennt, um innerhalb des CO_2-Budgets zu bleiben, erfordern sogenannte »negative Emissionen«, also das Herausfiltern von bereits emittiertem CO_2 aus der Atmosphäre mittels natürlicher und technologischer Prozesse. Wobei der Weltklimarat jedoch ausdrücklich betont, dass die dafür benötigten Technologien noch nicht im erforderlichen Ausmaß vorhanden sind.

»Die Begrenzung der Erwärmung auf 1,5 Grad Celsius ist nach den Gesetzen der Chemie und Physik möglich. Aber es zu schaffen würde beispiellose Veränderungen erfordern«, sagte Jim Skea von der zuständigen IPCC-Arbeitsgruppe anlässlich des Erscheinens des Sonderberichts.

KOHLENDIOXID BLEIBT JAHRHUNDERTELANG in der Atmosphäre. Selbst tausend Jahre später befinden sich noch immer 15 bis 40 Prozent des emittierten Gases in der Luft. Deshalb reicht ein kompletter Emissionsstopp nicht aus. Den Erkenntnissen des Weltklimarats zufolge müssen die globalen CO_2-Emissionen auf null gesenkt und die CO_2-Konzentration der Atmosphäre im Anschluss durch Negativemissionen weiter nach unten gedrückt werden. Doch um der Atmosphäre CO_2 wieder zu entziehen, bedarf es jener Technologien, die derzeit noch nicht in ausreichendem Maß vorhanden sind, wie auch der Aufforstung natürlicher CO_2-Senken wie Wälder, Grünflächen, Meergraswiesen und Mangroven.

WELCHE LÄNDER SIND DIE HAUPTVERURSACHER der Klimakrise?

Die lange Verweildauer von Treibhausgasen in der Atmosphäre macht den Rückblick auf die Treibhausgasemissionen der Vergangenheit notwendig. Vom Beginn der Industrialisierung an gerechnet sind die USA der historisch größte Emittent, gefolgt von China und der ehemaligen Sowjetunion an zweiter und dritter Stelle. Doch auf der Liste der zehn größten Verursacher stehen auch einige europäische Länder: Deutschland (Platz 4), Großbritannien (Platz 5) und Frankreich (Platz 8).

Da das vom Weltklimarat errechnete CO_2-Budget ein globales Kontingent ist, könnte die Schlussfolgerung naheliegen, alle Länder stünden gleichermaßen in der Pflicht, ihre Emissionen zu senken. Doch im Pariser Klimaschutzabkommen von 2015 haben sich die Vertragsstaaten auf den sogenannten Gerechtigkeitsaspekt verständigt. Dieser sieht unter anderem vor, dass reichere Länder – die historisch mehr Emissionen produziert haben als ärmere – ihre Emissionen rascher reduzieren und einen geringeren Prozentsatz des verbleibenden globalen CO_2-Budgets ausstoßen, damit die ärmeren Länder ihren Anteil für den Aufbau einer grundlegenden Infrastruktur verwenden können, die in den reicheren Ländern längst vorhanden ist: Verkehrswege, Krankenhäuser, sauberes Trinkwasser. Einem Bericht des Stockholm Environment Institute und der Hilfsorganisation Oxfam zufolge emittierte das reichste *eine Prozent* der Weltbevölkerung zwischen 1990 und 2015 doppelt so viel CO_2 wie die ärmsten *fünfzig Prozent*. Laut einer Studie des Tyndall Centre for Climate Change Research und der Universität Uppsala muss Schweden – unter Berücksichtigung der Klimagerechtigkeit – seine Emissionen jährlich um 12 bis 15 Prozent reduzieren, um einen gerechten Beitrag zur Erfüllung der im Pariser Abkommen vereinbarten Ziele zu leisten. Wohlgemerkt: Diese Berechnungen zielen nicht auf eine Begrenzung der globalen Erwärmung auf maximal 1,5 Grad, sondern auf die Bemühungen, den Temperaturanstieg auf »deutlich unter zwei Grad« zu beschränken. Gegenwärtig ist Schweden von einer Umsetzung dieses Ziels allerdings weit entfernt. 2019 erfolgte auf nationaler Ebene eine Senkung territorialer Emissionen um 2,4 Prozent, die Emissionswerte des internationalen Luft- und Transportwesens sind in dieser Kalkulation jedoch nicht inbegriffen. Addiert man diese Wirtschaftssektoren hinzu, sind die Emissionswerte nahezu unverändert.

NEBEN ANTHROPOGENEN – von Menschen verursachten – Emissionen gibt es weitere Faktoren, die das Klima unseres Planeten beeinflussen. Luftverschmutzungen etwa, die – indem sie Sonnenlicht reflektieren und von der Erde abfangen – die Luft paradoxerweise herunterkühlen. Je reiner die Luft mit fortschreitender Emissionsreduktion hoffentlich wird, desto mehr Wärmestrahlung gelangt zur Erde und lässt die Temperaturen steigen.

Weitere Kräfte sind natürliche Prozesse der Natur, die durch die Erderwärmung begünstigt werden und diese – in einem Teufelskreislauf – weiter ankurbeln. Nehmen wir die Permafrostgebiete, um nur ein Beispiel zu nennen, Regionen, in denen die Böden normalerweise dauerhaft gefroren sind, die inzwischen jedoch langsam, aber unaufhaltsam tauen. Lockert die Kälte ihren Griff, setzen die Böden Treibhausgase frei, darunter CO_2 und Methan.

Und die Erderwärmung steigt.

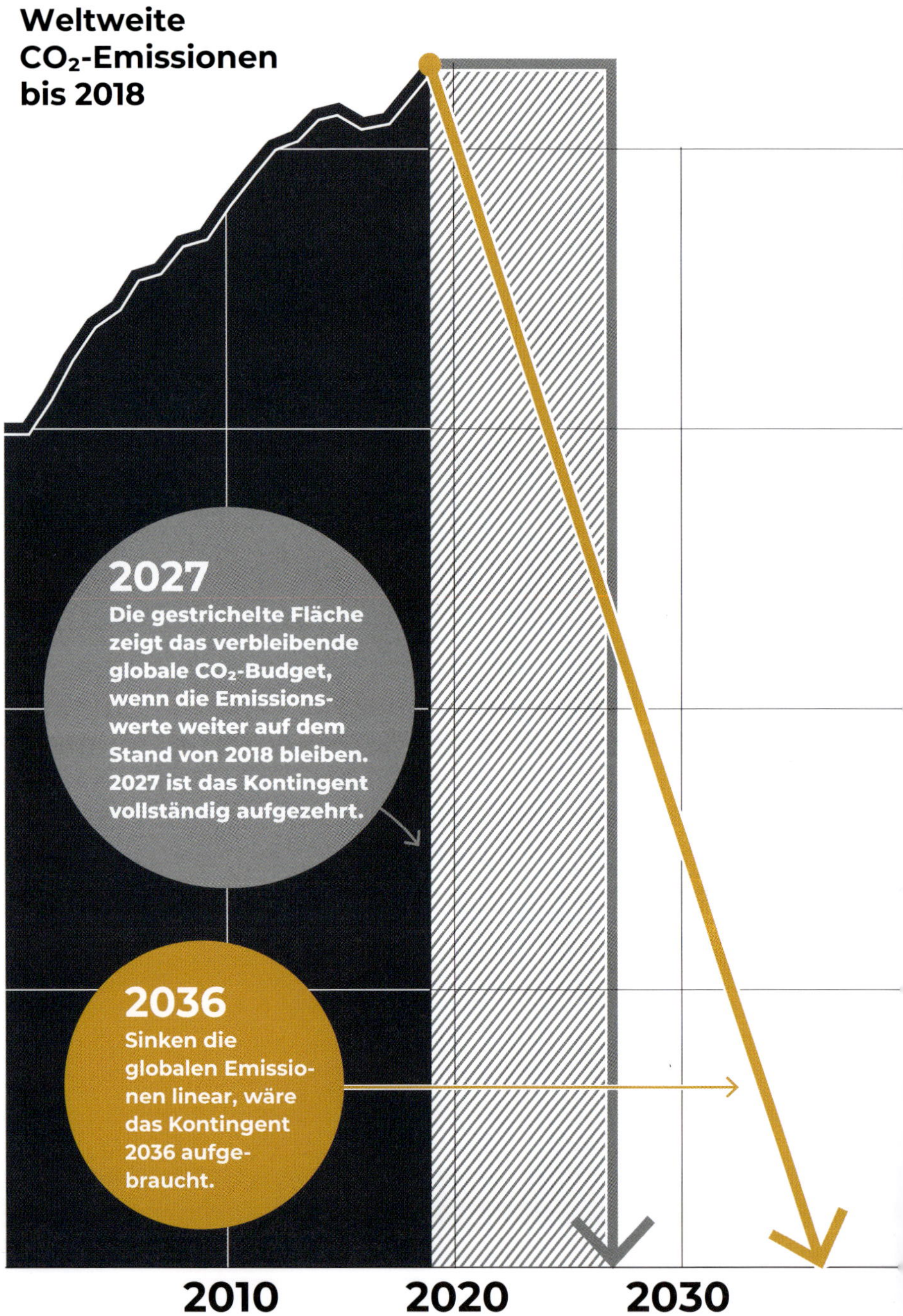
Weltweite
CO_2-Emissionen
bis 2018
2027
Die gestrichelte Fläche zeigt das verbleibende globale CO_2-Budget, wenn die Emissionswerte weiter auf dem Stand von 2018 bleiben. 2027 ist das Kontingent vollständig aufgezehrt.
2036
Sinken die globalen Emissionen linear, wäre das Kontingent 2036 aufgebraucht.
2010
2020
2030

So schnell müssen die globalen Emissionen auf null sinken

(CO_2 in Milliarden Tonnen)

Die Grafik zeigt, wie schnell die globalen Emissionen auf null sinken müssen, um das 1,5-Grad-Ziel mit 67 Prozent Wahrscheinlichkeit einhalten zu können.
Im Budget nicht enthalten:

- selbstverstärkende Prozesse der Natur wie das Abtauen des Permafrosts
- Wärme, die derzeit von Luftverschmutzung abgeschirmt wird, jedoch zur Erde gelangt, sobald die Luft sauberer wird
- andere Treibhausgasemissionen neben CO_2
- Emissionen durch das Verbrennen von Biomasse

Quelle: Zeke Hausfather, basierend auf IPCC SR 1.5, Diagramm 2,2

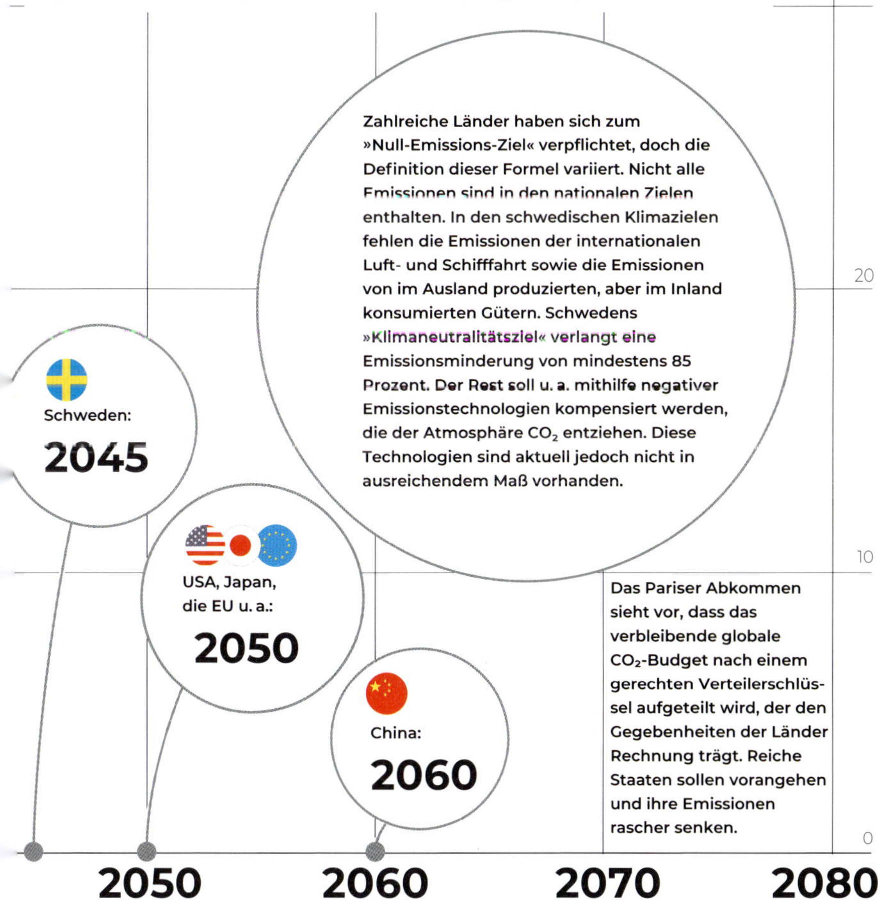

Kurz nach acht Uhr morgens. Noch protestiert Greta allein für das Klima. Für den Platz auf dem Mynttorget hat sie eine offizielle Streikerlaubnis.

Stockholm, 9. November 2018

TAXI
TAXI STOCKHOLM 150000
EMB 128

Jeden Freitagmorgen geht Greta durch die Stockholmer Riksgatan zu ihrem Streikplatz auf dem Mynttorget.

Stockholm, 23. November 2018

Jeden Freitag von 8 bis 15 Uhr streikt Greta vor dem schwedischen Parlament für das Klima.

Stockholm, 9. November 2018

Obwohl Greta mittlerweile seit drei Monaten streikt, scheinen viele Passanten nicht zu wissen, wer sie ist, und werfen ihr neugierige Blicke zu, wenn sie ihre Outdoor-Sitzmatte ausrollt.

Stockholm, 23. November 2018

Gretas Großmutter Mona Andersson kommt regelmäßig vorbei, um nach ihrer Enkelin zu sehen und sich mit ihr zu unterhalten.

Stockholm, 2. November 2018

Die Menschen, die gemeinsam mit Greta streiken, kommen und gehen. Manche bleiben ein, zwei Stunden, um ihre Solidarität zu bekunden, andere den ganzen Tag.

Stockholm, 2. November 2018

Gretas Unterstützer*innen kommen aus allen Altersgruppen: Jugendliche, Menschen mittleren Alters, Senioren.

Stockholm, 2. November 2018

GRETA THUNBE
TEDx

Ende November
spricht Greta bei der
Stockholmer TEDx-Konferenz.
»Ihre Rede hat mich zu Tränen
gerührt«, twittert eine Zuhörerin.
»Als hätte man einen jugend-
lichen Gandhi getroffen«,
schreibt eine andere.

Stockholm, 24. November 2018

02

DIE BEWEGUNG

31. OKTOBER 2018

TAUSEND MENSCHEN auf dem Londoner Parliament Square verstummten, als die Schülerin mit den zwei geflochtenen Zöpfen auf der zur Bühne umfunktionierten Steinmauer das Mikrofon in die Hand nahm. Die Leute in den letzten Reihen reckten die Hälse, drehten die Köpfe zur Seite und wandten der jugendlichen Rednerin ihr Ohr zu.

Ihr Mund bewegte sich. Doch was sagte sie?

Es war ein windiger, aber warmer Herbstvormittag. Roger und ich standen ein Stück hinter Greta. Wir hatten sie von ihrem Hotel in der Nähe der Tower Bridge zum Parliament Square begleitet. Für uns war dieser Job eigentlich ein ganz normaler Auftrag. Eine Text- und Fotoreportage über die junge schwedische Umweltaktivistin, die den »Schulstreik für das Klima« initiiert hatte. Die Reportage sollte anlässlich der UN-Klimakonferenz COP24 im polnischen Katowice erscheinen, auf der Greta eine Rede halten würde. Doch irgendetwas fühlte sich anders an. Bei jedem Auftritt, zu dem wir Greta begleiteten, war deutlich, dass die Menschen ihr zuhörten. Sie verfügte über eine Kommunikationsgabe, die ihre Worte durch die Geräuschkulissen trug.

Nach unserem ersten Treffen mit Greta zu Hause in Stockholm hatte mich Roger hinterher in der Redaktion zur Seite genommen. »Diese Story dürfen wir nicht fallenlassen, Alexandra«, sagte er. »Diese Jugendbewegung könnte etwas Großes werden.«

Jetzt fotografierte er Greta mit der Menschenmasse im Hintergrund. Die Demonstrant*innen standen dicht gedrängt, hielten Schilder und Transparente hoch:

I wish my boyfriend was as dirty as the air
If you are not pissed off, you are not paying attention
Climate change = mass murder

Und Fahnen, pinke, limettengrüne, gelbe und blaue, mit einer Sanduhr in einem Kreis. Umgeben von den Statuen der berühmten Persönlichkeiten, die den Parliament Square säumen. Männer – und eine Frau –, die durch ihr Handeln die Welt veränderten, wie der große Menschenrechtsaktivist Nelson Mandela, der Vater des zivilen Ungehorsams Mahatma Gandhi und die Suffragette Millicent Fawcett.

»Als ich ungefähr acht Jahre alt war, hörte ich zum ersten Mal von etwas, das sich Klimawandel oder Erderwärmung nannte. Offenbar war das etwas, was wir Menschen …«

Greta wurde unterbrochen. »Lauter!«, schrien etliche Demonstrant*innen in der Menge.

Eine Frau beugte sich zu Greta und bat sie, das Mikrofon dichter an den Mund zu halten. Diese Frau war Gail Bradbrook, eine der Mitbegründer*innen der Klimabewegung Extinction Rebellion, deren Symbol die Sanduhr ist und die sich der britischen Öffentlichkeit an diesem Tag präsentierte.

»Offenbar war das etwas, was wir Menschen durch unsere Art zu leben hervorgerufen hatten«, sagte Greta.

Ihre Lippen berührten fast das Mikrofon. Doch die einzelne Soundbox, die einer der Organisatoren auf seine linke Schulter stemmte, reichte nicht aus. Nur die Menschen in Gretas unmittelbarer Nähe hörten, was sie sagte.

IM SOMMER 2018 hatte Greta ununterbrochen von einem Schulstreik für das Klima geredet. »Ich hatte bis zur letzten Sekunde gehofft, dass sie sich die Idee aus dem Kopf schlägt«, erzählte Svante. »Als Vater sah ich zu viele Dinge, die schiefgehen konnten.«

Greta war noch immer nicht völlig gesund. Sie sprach kaum ein Wort, redete nur mit ihren allerengsten Bezugspersonen. Und sie konnte in Gegenwart anderer Menschen nicht essen. Doch nach den Sommerferien setzte sie sich nicht in die Schulklasse, sondern vor das schwedische Parlament. In den sozialen Medien postete sie:

»Wir Kinder machen oft nicht das, was ihr Erwachsenen von uns verlangt. Aber wir tun nur das, was ihr tut. Und weil ihr Erwachsenen auf meine Zukunft scheißt, tue ich es auch. Ich streike und gehe bis zum Wahltag nicht zur Schule.«

Einige Klimaschutzaktivist*innen teilten Gretas Post. Ebenso der Umweltunternehmer Ingmar Rentzhog, der an Gretas erstem Streiktag am Parlament vorbeikam. Die Nachricht vom Schulstreik für das Klima ging viral und verbreitete sich mit rasanter Geschwindigkeit. Die Neuntklässlerin weckte Emotionen. Kritischen Kommentaren, Greta solle doch lieber zur Schule gehen, statt zu streiken, standen Lobeshymnen und Heldenverehrung gegenüber. Die ersten Journalisten trafen ein. Und am zweiten Tag kam Mayson.

Die vierzehnjährige Achtklässlerin Mayson Joacimsbarn Persson hatte Gretas Instagram-Post am Vortag auf dem Heimweg von der Schule in der U-Bahn gelesen. »Ich brauchte gar nicht lange zu überlegen. Ich fand, dass Greta keinen Tag länger allein vor dem Parlament sitzen sollte«, erzählte Mayson. »Beim Abendessen habe ich meinen Eltern gesagt, dass ich ab morgen auch für das Klima streiken würde.«

IN EINEM HOCHGELOBTEN VIDEOVORTRAG veranschaulicht der Unternehmer Derek Sivers, wie aus einer einzelnen Person eine Bewegung entsteht. Während Sivers redet, läuft hinter ihm ein Film, in dem ein halbnackter Mann allein auf einer Wiese tanzt. Doch schon kurz darauf ist er nicht mehr allein. Plötzlich ist er von Menschen umringt, die wie er ungehemmt tanzen und herumspringen.

»Eine Bewegung beginnt mit einer Person, die den Mut hat, herauszustechen und sich zum Gespött der Leute zu machen«, erläutert Sivers. »Und sie wächst, sobald sich ein erster Anhänger anschließt, der den ›einsamen Spinner‹ zum Anführer macht.«

Am Morgen von Tag zwei von Gretas Schulstreik, am 21. August 2018, schloss Mayson sich Greta an. »Als ich Greta sah, wurde mir klar, dass ich auf eine Initiative wie diese gewartet hatte«, erzählte sie. »Mir wurde klar, dass ich mich zu ihr setzen musste.«

Ein paar Stunden streikten Greta und Mayson zu zweit, dann setzten sich weitere Menschen zu ihnen.

Hinter Derek Sivers gesellen sich in dem Film immer mehr Leute zu den Tänzer*innen auf der Wiese. Nachdem sie den ersten Anhänger gesehen haben, schließen auch sie sich an. »Wir haben ein Momentum kreiert«, erklärt Sivers. »Das ist der Wendepunkt.«

ALS DIE FÜNFZEHNJÄHRIGE schwedische Schülerin auf dem Londoner Parliament Square ihr Mikrofon testete, begann ihre Bewegung zu wachsen. Doch es ging schleppend voran. Hier und da spross ein neuer Trieb aus dem Boden. Jemand setzte sich vor das Rathaus seiner Stadt oder das nächstgelegene Parlamentsgebäude. In Luleå, Örebro, Vimmerby. In Helsinki, Tokio, Brisbane. Mit einem Protestschild oder einer Handvoll Flugblätter, einer Botschaft an die politischen Führungskräfte, dass es an der Zeit war, die einhelligen Warnungen der Klimaexperten ernst zu nehmen. Aber es waren keine stürmischen Massen, keine donnernden Kräfte. Was sprach dafür, dass ausgerechnet Gretas Initiative eine so große Wirkkraft entfalten sollte?

»Mikro-Check, Check«, sagte sie. Die Menge blieb stumm.

Die Menschen, an die Greta das Wort zu richten versuchte, hatten sich auf dem Parliament Square versammelt, weil sie sich große Sorgen um die Natur und das Klima der Erde machten. So große Sorgen, dass sie bereit waren, im Namen der Natur Gesetzesverstöße zu begehen. Die Umweltaktivist*innen von Extinction Rebellion setzen bei ihren Aktionen des zivilen Ungehorsams auf gewaltfreien, friedlichen Protest. Sie bespritzen Straßen mit Kunstblut, kleben sich an Personen oder Gebäuden fest, besetzen Firmenzentralen der fossilen Brennstoffindustrie. Sie machen ihre Proteste zu Performances, verkleiden sich, schüren lautstark Aufmerksamkeit. In gewisser Weise war diese lärmende Klimabewegung der Gegenpol zum stillen Sitzstreik der jugendlichen Schülerin vor dem schwedischen Parlament. Aber sie einte dasselbe Ziel.

Obwohl es sich bei der Menschenmenge um Großbritanniens engagierteste Klimaaktivist*innen handelte, wussten nur wenige, wer Greta war. Als es auf der Bühne weiter still blieb, wurden die Leute zunehmend ungeduldig. Vereinzelte Gespräche schwollen zu lautem Stimmengewirr an. Ich mischte mich unter die Menge und stieß dort auf die 34-jährige Schauspielerin und Klimaaktivistin Tamsin Omond. »Ich habe erst vor Kurzem zum ersten Mal von Greta gehört«, erzählte sie. »Ich glaube, Gail ist in den sozialen Medien auf sie gestoßen und hat sie hierher eingeladen.«

In diesem Moment beugte sich Gail Bradbrook auf der Bühne erneut zu Greta. Greta nickte, sie würde noch einen Versuch machen.

»Als ich ungefähr acht Jahre alt war«, sagte sie genauso leise wie vorher.

»ALS ICH UNGEFÄHR ACHT JAHRE ALT WAR«, brüllten die Leute in den ersten Reihen.

»Hörte ich zum ersten Mal von etwas, das sich Klimawandel oder Erderwärmung nannte«, fuhr Greta fort. Sie lächelte.

»HÖRTE ICH ZUM ERSTEN MAL VON ETWAS, DAS SICH KLIMAWANDEL ODER ERDERWÄRMUNG NANNTE«, wiederholten die Zuhörer vor der Bühne.

Vereinzelte Lacher erklangen, dann holten die Leute Luft für den nächsten Satz. Die Methode funktionierte. Gemeinsam transportierten sie Gretas Botschaft zu den Menschen, die weiter hinten standen.

»Alles muss sich ändern«, sagte Greta.

»ALLES MUSS SICH ÄNDERN«, echote die Menge.

»Und es muss heute anfangen.«

»UND ES MUSS HEUTE ANFANGEN.«

»Ihr alle da draußen.«

»IHR ALLE DA DRAUSSEN.«

»Jetzt ist es an der Zeit für zivilen Ungehorsam.«

»JETZT IST ES AN DER ZEIT FÜR ZIVILEN UNGEHORSAM.«

»Es ist Zeit zu rebellieren!«

»ES IST ZEIT ZU REBELLIEREN!«

Nach ihrer Rede traten Greta und ihr Vater im Elektroauto den Heimweg an. Sie mussten sich beeilen. Wenn Greta pünktlich zum Freitagsstreik auf dem Mynttorget vor dem schwedischen Parlament sitzen wollte, musste Svante aufs Gas drücken. Sie fuhren mit dem Autozug unter dem Ärmelkanal hindurch, dann durchquerten sie Belgien, Holland, Deutschland und Dänemark. Svante fuhr in einem Rutsch durch, ruhte sich nur kurz aus, wenn das E-Auto geladen werden musste.

Greta ließ die Menschenmenge auf dem Parliament Square hinter sich zurück. Und eine Botschaft, die sie am Vorabend mit einem Lächeln auf den Lippen formuliert hatte.

In Zimmer 444 des Londoner Tower Hotel stand ein massiver Schreibtisch. Auf der Unterseite der Schreibtischplatte waren vier mit blauer Tinte eingeritzte Worte zu lesen. Worte einer fünfzehnjährigen schwedischen Klimaaktivistin, die daran glaubte, dass etwas Großes geschehen würde. Dort stand:

To start a revolution – eine Revolution auslösen.

Greta bereitet sich vor. Die Umweltschutzbewegung Extinction Rebellion hat sie eingeladen, auf dem Londoner Parliament Square eine Rede zu halten.

London, Großbritannien, 31. Oktober 2018

Greta und ihr Vater Svante treffen im Hotelzimmer letzte Vorbereitungen. Auf der Unterseite des Schreibtisches, der im Hintergrund zu sehen ist, hat Greta am Abend zuvor eine Botschaft hinterlassen: »To start a revolution«.

London, Großbritannien,
31. Oktober 2018

Umgeben von Winston Churchill und elf weiteren Statuen berühmter Staatsmänner und -frauen bereitet Greta sich auf ihre Rede vor.

London, Großbritannien, 31. Oktober 2018

REBEL
FOR
LIFE

Die Soundbox reicht nicht aus, damit Gretas Stimme auch die Zuhörer*innen in den letzten Reihen erreicht. Man bittet sie, nur kurze Sätze zu formulieren und Pausen zu machen. Die gut fünfzig Demonstrant*innen in ihrer unmittelbaren Nähe wiederholen ihre Sätze im Chor und transportieren sie weiter. So halten sie gemeinsam die ganze Rede.

London, Großbritannien,
31. Oktober 2018

YOU ARE NOT

Rund tausend Menschen haben sich auf dem Londoner Parliament Square versammelt, um gegen die Klimapolitik der britischen Regierung zu demonstrieren und die Rede der schwedischen Schülerin zu hören, die vor dem schwedischen Parlament für das Klima streikt.

London, Großbritannien,
31. Oktober 2018

Inmitten einer großen Menschenmenge zu stehen ist eine Herausforderung für Greta. Viele Menschen mit Autismus-Spektrum-Störung fühlen sich in lauten Umgebungen mit vielen Menschen und Reizen unwohl.

London, Großbritannien, 31. Oktober 2018

Greta reist noch vor Ende der Demonstration ab. Sie muss sich beeilen. Am Freitag will sie wieder zu Hause in Stockholm auf dem Mynttorget vor dem schwedischen Parlament streiken.

London, Großbritannien,
31. Oktober 2018

Wenn Greta freitags für das Klima streikt, verpasst sie den Schwedischunterricht. Aber sie holt den Lernstoff nach und liest das Buch, mit dem ihre Klasse gerade arbeitet.

Stockholm, 23. November 2018

Seit diesem Herbst geht Greta in eine neue Schule – und in der Kringlaskolan fühlt sich die Neuntklässlerin wohl. Sie hat ihren Lehrplan auf ihren Klimastreik abgestimmt, und wenn sie freitags vor dem Parlamentsgebäude sitzt statt in der Schule, tut sie es mit Genehmigung der Schulleitung.

Södertälje, 7. November 2018

Als Greta mit elf Jahren
Depressionen bekam, war
Hund Moses ein großer Trost.

Stockholm, 22. November 2018

Vor ihrer USA-Reise wird Greta gefragt, wen sie am meisten vermissen wird. Sie antwortet: »Unsere Hunde Moses und Roxy. Mit allen anderen kann ich über Videochat sprechen.«

Stockholm, 22. November 2018

In drei Tagen ist Heiligabend. Das Stockholmer Regierungsviertel ist weihnachtlich erleuchtet. Im Sagerschen Haus brennt bereits Licht, aber die Straßen sind noch verwaist, als Greta zu ihrem Streikplatz auf dem Mynttorget geht.

Stockholm, 21. Dezember 2018

MAKE OUR PLAN
GRETA
AGAIN

Olivia Engels, Fien De Munck und Lucy Soeters
warten auf Greta, die am Klimastreik in Antwerpen
teilnimmt. In Belgien hat Greta Heldenstatus.

Antwerpen, Belgien, 28. Februar 2019

Mit abschalten ist nicht euer Hirn gemeint!
HOT but NOT Sexy
FÜR UNSERE ZUKUN
or

6000 Demonstrant*innen marschieren zum Hamburger Rathaus, wo Greta eine Rede hält.

Hamburg, Deutschland, 1. März 2019

In der Lobby eines Hamburger Hotels wird Greta von Journalist*innen und Fotograf*innen erwartet. Die Zeitschrift *Der Spiegel* hat sieben Mitarbeiter geschickt.

Hamburg, Deutschland, 1. März 2019

Greta reist mit dem Zug durch Europa. »Ich reise gern entschleunigt. Ich komme durch Orte und Städte, an denen Klimademonstrationen stattgefunden haben, und lerne dabei Geografie.«

Falster, Dänemark, 1. März 2019

Nach Klimamärschen und Reden in Antwerpen und Hamburg, Pressekonferenzen und Interviews fährt Greta mit dem Zug zurück nach Stockholm.

Rödby, Dänemark, 1. März 2019

RÄDDA!
JORDEN
SKOLST
FÖR KLIMA

Tausende Schüler*innen haben sich anlässlich des »Global Strike for Future« auf dem Mynttorget versammelt. An diesem Tag finden in über 140 Ländern Klimastreiks statt.

Stockholm, 15. März 2019

In den ersten sechs Monaten ihres Schulstreiks für das Klima haben nur drei Parteivorsitzende vor dem Parlamentsgebäude das Gespräch mit Greta gesucht. Jonas Sjöstedt von der Linkspartei war einer von ihnen. Aber während des ersten globalen Klimastreiks im März lassen sich deutlich mehr Politiker*innen auf dem Mynttorget blicken – und treten ins Rampenlicht der Fernsehkameras.

Stockholm, 15. März 2019

Greta wirft aus dem Backstage-Bereich einen Blick auf die Bühne, um zu sehen, wie viele Menschen darauf warten, ihre Rede zu hören.

Stockholm, 24. Mai 2019

SYSTEMET ÄR PROBLEMET
SLUTA FUCKA UPP VÅR FRAMTID!
STOP CLIMATE BREAKDOWN!
NOW!
WHERE ARE YOU GONNA PUT YOUR MONEY WHEN YOUR BANK IS
STOP DENYING THE EARTH IS DYING!
RÄD-DA
IT'S THE FINAL COUNTDOWN
00:03
d&b audiotechnik

»Unsere Vorbilder lassen uns im Stich, unsere Politiker lassen uns im Stich, die Medien lassen uns im Stich. Und zwar so sehr, dass uns keine andere Wahl mehr bleibt, als unsere Ausbildung zu opfern und das zu tun, was die meisten Erwachsenen sich nicht trauen.«

Stockholm, 24. Mai 2019

Greta und andere Umweltaktivist*innen, die viele Stunden auf dem Mynttorget vor dem Parlamentsgebäude gesessen haben, machen im Kungsträdgården ein gemeinsames Selfie mit den Demonstrant*innen.

Stockholm, 24. Mai 2019

STOP CLIMATE BREAKDOWN!
NOW!
svt

Greta und ihre Mitstreikenden sehen sich die Fotos mit der großen Zuhörermenge im Hintergrund an.

Stockholm, 24. Mai 2019

BOSS
HUGOBOS

Bei der traditionellen Abschlussfeier am Ende der neunjährigen schwedischen Grundschule verlassen die Neuntklässler*innen Hand in Hand mit den jüngsten Schüler*innen das Gebäude. Greta wird während der Feier zum »Vorbild des Jahres der Kringlaskolan« gewählt.

Södertälje, 12. Juni 2019

Greta verabschiedet sich nach der Abschlussfeier von ihren Klassenkamerad*innen und Lehrer*innen. Die längste Umarmung bekommt die Rektorin Sirkka Persson.

Södertälje, 12. Juni 2019

AR

Ein Fernsehsender hat sein Studio auf dem Mynttorget aufgebaut. Es ist der Tag vor Gretas Abreise in die USA. Die Journalist*innen stehen Schlange für ein Interview mit ihr.

Stockholm, 12. Juni 2019

03

AUF SEE

26. **AUGUST** 2019

BEVOR DAS MILITÄRFLUGZEUG über ihren Köpfen auftauchte, herrschte nichts als Stille.

Offenes Meer, monotone Beschäftigungen. Fünf Personen konzentriert auf Kurs, Wind und Wetter. An diesem Montag schien die Sonne. Ein T-Shirt unter der Jacke genügte.

Vielleicht hatte Gretas Kompromisslosigkeit sie hierhergeführt. Zwölf Tage auf See von Europa und zwei Segeltage von ihrem Ziel der amerikanischen Ostküste entfernt.

Gretas letzte Flugreise war ein Familienurlaub auf Gran Canaria in den Winterferien der fünften Klasse gewesen. Als sie danach jedoch las, wie schädlich Fliegen für das Klima ist, beschloss sie, von jetzt an am Boden zu bleiben. »Ich habe mich entschieden, nach New York zu segeln, um darauf aufmerksam zu machen, wie absurd schwierig es ist, in unserer heutigen Gesellschaft nachhaltig zu reisen«, sagte sie. »Dass man in der Position sein muss, Unterstützung von Profiseglern zu bekommen, um nicht fliegen zu müssen.«

Jetzt saß sie an Deck einer Rennsegelyacht, mitten auf dem Atlantik.

Neben Greta und ihrem Vater Svante war der schwedische Filmemacher Nathan Grossman mit an Bord, um letztes Material für seinen Dokumentarfilm über Greta zu drehen. Fürs Segeln und Navigieren waren der deutsche Skipper Boris Herrmann und der monegassische Prinz Pierre Casiraghi – ein Enkel von Fürst Rainier III. von Monaco und der US-amerikanischen Schauspielerin Grace Kelly – zuständig. Damit war das Platzkontingent ausgeschöpft. Roger und ich waren zu Hause in Schweden geblieben.

Unterschiedlicher hätte die Crew von ihrer Wesensart her kaum zusammengewürfelt sein können. Greta und Nathan: ruhig und introvertiert; Pierre: immer zu Scherzen aufgelegt, extrovertiert; Gretas Schauspielervater Svante und Solo-Segler Boris: irgendwo dazwischen.

Boris Herrmann erzählte, wie er einmal die beiden Gegenpole der Crew beobachtete – seinen langjährigen Freund Pierre und die sechzehnjährige Greta, die er erst seit Kurzem kannte –, als sie zu zweit im Cockpit saßen. Pierre löcherte Greta mit Fragen, Greta antwortete leise und einsilbig. Auf rhetorische Fragen ging sie nicht ein. Als Boris Herrmann eine halbe Stunde später wieder nach den beiden sah, hielt Pierre eine Zahnbürste als Mikrofon in der Hand, intonierte ein Chanson von Charles Aznavour – und Greta wippte im Takt mit.

Hin und wieder benötigten sie alle kurze unbeschwerte Pausen von der Monotonie des Bordalltags.

Doch in diesem Moment dröhnte es über ihnen am Himmel. Statt vorüberzufliegen, begann das Militärflugzeug über der einsamen Achtzehn-Meter-Yacht zu kreisen. Seinen schlaksigen Oberkörper zusammenfaltend, steckte Nathan Grossman den Kopf ins Cockpit und schrie: »Was zum Teufel ist das?«

Greta verließ ihren Platz an Deck und ging zu den anderen.

Das Leben an Bord war spartanisch. Routinierte Abläufe, die während der Atlantiküberquerung erledigt werden mussten. Keine Exzesse, das kam ihr entgegen. Jeder Tag lief gleich ab, erzählte sie: Brot zum Frühstück, gefriergetrocknete Astronautennahrung zum Mittag- und Abendessen. Risotto und Chili sin Carne, das mit heißem Wasser aufgegossen wurde und in der Packung aufquoll. Dazwischen: stundenlang Stille.

Bei schönem Wetter saß Greta draußen an Deck, bei Starksturm oder Regen drängte sie sich mit den anderen im Cockpit. Jeden Tag kämmte sie ihre hüftlangen Haare durch – eine schmerzhafte Prozedur, da die feuchte Seeluft sie regelmäßig verfilzte. Ihre beiden Zöpfe waren Vergangenheit, inzwischen flocht sie nur noch einen.

Es war alles andere als sicher, ob eine segelunerprobte Jugendliche die Strapazen eines Atlantiktörns überstehen würde. Boris Herrmann und Pierre Casiraghi hatten sich darauf vorbereitet, zwei völlig unerfahrene Segler an Bord zu haben. Nathan Grossman segelte seit seiner Kindheit, aber weder Greta noch ihr Vater verfügten über nennenswerte Segelkenntnisse.

Für den Notfall hatte das Skipper-Team einen Zwischenstopp auf den

Azoren vorgesehen. Medikamente gegen Seekrankheit waren an Bord. Ebenso ein Tropf, sollte jemand so schwer seekrank werden, dass Dehydrationsgefahr bestand.

Während der Planungsphase hatten sich immer wieder besorgte Stimmen zu Wort gemeldet. War es zu verantworten, Greta mit an Bord zu nehmen? Was, wenn unterwegs etwas passierte?

Inzwischen trennten sie nur noch wenige Seemeilen von der amerikanischen Ostküste, und Boris Herrmann konnte sagen, dass Greta die Atlantiküberquerung besser gemeistert hatte als alle anderen Crewmitglieder. Nicht ein einziges Mal war sie seekrank geworden oder hatte über Unwohlsein oder die Bedingungen an Bord geklagt.

Stattdessen schlief sie viel. Mindestens zwölf Stunden pro Tag, manchmal vierzehn oder fünfzehn. Wenn sie aufstand und im beengten Schiffsinneren in ihre Sachen schlüpfte, waren die anderen schon lange aktiv.

Während des Törns machte Boris Herrmann ein ums andere Mal die Beobachtung, dass seine sechzehnjährige Passagierin sich an Bord wohlzufühlen schien. »Sie war entspannt«, sagte er. »Als hätte sie zwei Wochen Atempause bekommen.«

EREIGNISREICHE ZEHN MONATE LAGEN HINTER GRETA, insbesondere seit sie im Dezember 2018 auf der UN-Klimakonferenz COP24 im polnischen Katowice im Namen des Netzwerks Climate Justice Now eine Rede gehalten hatte.

Das Video der dreiminütigen Rede ging viral. Mit fester Stimme und leicht flackerndem Blick verkündete sie den versammelten Staats- und Regierungschefs der Welt, dass sie und die anderen Jugendlichen nicht nach Polen gekommen seien, um die Politiker zu bitten, sich zu kümmern. »Ihr habt uns in der Vergangenheit ignoriert, und ihr werdet uns wieder ignorieren«, erklärte sie und fuhr fort. »Wir sind hergekommen, um euch wissen zu lassen, der Wandel wird kommen, ob es euch gefällt oder nicht.«

US-Senator Bernie Sanders teilte den Clip ebenso wie die US-Kongressabgeordnete und Politik-Senkrechtstarterin Alexandria Ocasio-Cortez.

Kurz darauf, auf dem Weltklimagipfel in Davos, an einem Freitag im Januar 2019, ließ Greta die Reichsten und Mächtigsten der Welt wissen, dass ihre Häuser in Flammen stünden. Und dass einige dafür größere Verantwortung trügen als andere. »Je größer euer CO_2-Fußabdruck ist, umso größer ist eure moralische Verpflichtung«, sagte sie.

Während des Weltklimagipfels in Davos gingen Zehntausende Kinder und Jugendliche für das Klima auf die Straßen.

Es bewegte sich etwas.

Im Frühjahr 2019 sprach Greta vor dem italienischen Senat, dem britischen Unterhaus und dem Umweltausschuss des EU-Parlaments. Papst Franziskus schüttelte ihr die Hand, Barack Obama anlässlich eines Stockholm-Besuchs ebenfalls.

Unterdessen bekam Fridays for Future weiter Zulauf. Im März fand der erste globale Klimastreik statt, im Mai der zweite. Den Angaben der Organisatoren zufolge nahmen an beiden Protesten weltweit insgesamt mehr als drei Millionen Menschen teil – in über hundert Ländern. Und alle einte derselbe Appell: der Weckruf an die Politiker*innen, endlich aktiv zu werden, um die Klimakrise zu stoppen – und die Krise wie eine Krise zu behandeln.

Warum funktionierte das? Wie konnte Fridays for Future eine so große Wirkung entfalten?

Seit Jahrzehnten kämpfen Umwelt- und Klimabewegungen dafür, den destruktiven Umgang der Menschheit mit der Natur sichtbar zu machen. Ihr Netzwerk spannt sich über die Erde, ihre globalen Kommunikationskanäle verlaufen durch winzige afrikanische Dörfer, durch asiatische Millionenstädte und über politische Verhandlungstische in den USA und Europa. Als Greta zu streiken begann, wurde ihre Botschaft über die existierenden Kanäle verbreitet.

Und die Menschen hörten zu. Vielleicht war es Gretas leise, vorsichtige, aber zugleich brutal ehrliche Art zu kommunizieren, die sie aufhorchen ließ. Vielleicht war es die »Story« über das ausgegrenzte und depressive Mädchen, dem das Engagement für das Klima neuen Lebensmut gegeben hatte. Aber ganz sicher war Zeit ein ausschlaggebender Faktor: die Tatsache, dass die Krise mittlerweile so akut war, dass sie nicht wieder von der politischen Agenda verschwinden würde.

Sondern sich immer weiter zuspitzte.

Unterwegs, im Zug oder mit dem Elektroauto, schrieb Greta ihre Reden und machte ihre Hausaufgaben. Sie arbeitete hart, um das Klassenziel der neunten Klasse zu erreichen, erledigte Zusatzaufgaben, wenn sie im Unterricht fehlte, und lernte bis spätabends, um ihre Abwesenheit an den Streikfreitagen auszugleichen. Als sie im Juni 2019 ihr Abschlusszeugnis erhielt, hatte sie von drei Fächern abgesehen nur Bestnoten.

»THIS IS PATROL AIRCRAFT 113. Good morning«, tönte eine sonore Männerstimme aus dem Lautsprecher des Bordfunkgeräts.

Die Szene, die Pierre Casiraghi gefilmt hat, könnte aus dem Drehbuch eines Hollywoodstreifens stammen. Alle fünf Crewmitglieder waren im Cockpit versammelt. Boris Herrmann hielt das Mikrofon des Funkgeräts dicht an den Mund, als er dem Aufklärungsflugzeug antwortete.

»Guten Morgen. Hier spricht die Segelyacht *Malizia*. Over.«

»Guten Morgen, *Malizia*. Hier spricht Seefernaufklärer 113. Ein kanadischer Seefernaufklärer auf Routineflug. Ich würde Ihnen gern einige Fragen stellen, Sir.«

Greta beugte sich vor, um besser zu hören.

Als das Militärflugzeug das Vakuum der *Malizia*-Besatzung durchbrach, waren es ungefähr noch vier Wochen bis zu Gretas Rede vor den Vereinten Nationen auf dem von Generalsekretär António Guterres einberufenen UN-Sonderklimagipfel. Dieser Klimagipfel und die anschließende UN-Klimakonferenz COP25 in Chile waren der Grund, warum sie nach Abschluss der neunten Klasse ein Jahr von der Schule pausierte, warum sie ihre Mutter und ihre Schwester in Europa zurückließ und mit ihrem Vater über den Atlantik segelte – ohne zu wissen, wann und wie sie wieder nach Hause kommen würden. Sie machte diese Reise jetzt, weil *später* keine Option war. Jeder weitere Tag erschwerte die Umstellung auf eine nachhaltige Gesellschaft. Zeit war der alles entscheidende Faktor.

Es hatte von Anfang an festgestanden, dass ihr Vater sie begleiten würde. Er musste nicht wie ihre Mutter allabendlich auf der Bühne stehen – und er hatte einen Führerschein. Für Svante war diese Rolle nicht neu. Malena war schon zwei Monate nach ihrem Kennenlernen schwanger geworden. Und während Greta in Malenas Bauch heranwuchs, beschloss Svante, seine Schauspielerkarriere zum Wohle der Familie zurückzustellen. Zuerst war er seiner Frau gefolgt, jetzt folgte er seiner Tochter.

Mitunter wird die Frage laut, wer das eigentlich alles finanziert, nicht selten aus dem Lager, das Greta und ihrer Botschaft skeptisch gegenübersteht. »Malena und ich haben eine gemeinsame Firma. Der größte Teil unserer Einkünfte stammt aus Opern- und Theatervorstellungen, die wir mitproduziert haben«, erzählte Svante. »Als Greta krank wurde, war ich in der Position, zu Hause bleiben zu können. Und als sie ein paar Jahre später eine bekannte Klimaaktivistin wurde, konnte ich sie begleiten.«

Im gesamten ersten Jahr von Gretas Schulstreik – und während der ersten Atlantiküberquerung – lebten die Thunbergs von den Gagen des Stockholmer Oscarsteatern, wo Malena in der Musicalversion von *Wie im Himmel* die Rolle der Gabriella sang.

Im Vorfeld des Segeltörns hatte Greta geglaubt, ihre Rede, die sie vor den Vereinten Nationen halten wollte, auf See schreiben zu können, dass sie an Bord genug Zeit und Muße haben würde. Doch der Plan ging nicht auf. Ihr Kopf war leer gefegt. »Mein Gehirn setzte aus«, erzählte sie. »Ich bekam so wenig neue Sinneseindrücke, dass ich alte Eindrücke abrief und Dinge wiedererlebte – Dinge, die ich schon gemacht hatte.«

Greta begann längst vergessen geglaubte Kinderlieder aus der schwedischen Liederfibel »Majas Alphabet« von Lena Anderson und Kerstin Andeby vor sich hin zu summen. *In unserem Garten steht eine Esche, sie ist mindestens hundert Jahr. Sie wächst und wächst, das ist ja sonnenklar. Und ich schaukle auf dem untersten Ast, meine Beine ein baumelnder Gast.*

Während der vielen Stunden, die sie täglich aufs Meer blickte, fielen Greta Orte, Ereignisse und Menschen wieder ein. Dinge, an die sie nicht mehr gedacht hatte, seit sie stattgefunden hatten. Konzerte ihres Schulchors in der Unterstufe, die Wohnzimmereinrichtung eines entfernten Bekannten ihrer Eltern. Spiele aus ihrer Kindergartenzeit. »Ich hatte das Gefühl, mein Leben noch einmal zu leben, von Anfang an«, beschrieb sie es.

Im Cockpit der *Malizia* beantwortete Boris Herrmann die Fragen des Funkers aus der Luft.

»Unser Heimathafen ist Hamburg, Deutschland«, sagte er.

»Roger, Sir. Würden Sie mir bitte Ihren zuletzt angelaufenen Hafen und Ihren Zielhafen nennen?«

»Unser letzter Hafen war Plymouth, UK … und unser Zielhafen ist … New York City.«

Bis dahin war es nicht mehr weit. Greta konnte die Millionenmetropole schon riechen, lange bevor sie die ersten der Hunderte von Menschen sah, die gekommen waren, um sie bei ihrer Ankunft jubelnd mit Gesichtsbemalungen und Transparenten zu begrüßen.

Welcome Greta!

Beim Anblick von siebzehn Schiffen mit bunten Segeln – eine von den Vereinten Nationen gesandte Begrüßungsflotte – sollten ihrem Vater Tränen übers Gesicht laufen. Jedes Schiff trug eines der UN-Nachhaltigkeitsziele auf dem Spinnaker, darunter: *Keine Armut. Kein Hunger. Hochwertige Bildung. Geschlechtergleichheit. Frieden, Gerechtigkeit und starke Institutionen. Maßnahmen zum Klimaschutz.*

Von dem Moment an, wo Greta an Bord der *Malizia* die Freiheitsstatue passierte, würden Live-Bilder um die Welt gehen. Und die vielen Eindrücke würden sie überfordern. Menschen, Schiffe, Farben. Abgase und Müll.

Das Flugzeug über ihren Köpfen und die sonore Männerstimme, die den Funkkontakt nun beendete, waren nur ein Vorgeschmack dessen, was sie erwartete.

»Wir funken weiter auf Frequenz sechzehn und siebzehn. Wir wünschen Ihnen einen sicheren Tag auf See. Mast- und Schotbruch!«

Boris Herrmann hatte den Mund geöffnet, um sich ebenfalls zu verabschieden, als sich die sonore Stimme noch einmal zurückmeldete – doch diesmal mit einer persönlichen Botschaft an das jüngste Crewmitglied:

»Meine Tochter folgt dir auf Facebook. Sie findet toll, was du machst. Vielen Dank.«

WIE IST ES SO WEIT GEKOMMEN?

DASS DER MENSCH DAS KLIMA der Erde durch sein Handeln beeinflusst, ist nicht neu. Schon im 19. Jahrhundert verknüpften Forscher steigende Temperaturen mit schwankenden Kohlendioxid- und Wasserdampfkonzentrationen in der Atmosphäre. Bereits in den fünfziger Jahren waren den hauseigenen Wissenschaftlern der Ölindustrie die schädlichen Auswirkungen der Branche auf die Umwelt bekannt.

Im November 1965, mitten im Vietnamkrieg, erhielt der damalige US-Präsident Lyndon B. Johnson einen Bericht seines wissenschaftlichen Beratergremiums, in dem die Experten die Industrialisierung als ein »gewaltiges geophysikalisches Experiment« der Menschheit bezeichneten, das mit allergrößter Wahrscheinlichkeit klimaverändernde Folgen wie eine deutliche globale Erhitzung und Eisschmelzen haben werde.

Im Sommer 1988 wurden die USA von einer der schlimmsten Dürrekatastrophen in der amerikanischen Geschichte heimgesucht. Der Mississippi führte so wenig Wasser, dass die Schifffahrt eingestellt werden musste. Im Yellowstone-Nationalpark wüteten riesige Flächenbrände. Im selben Jahr überstieg die CO_2-Konzentration der Atmosphäre die Obergrenze von 350 ppm, die der US-Klimaforscher James Hansen als »sicheres Niveau« gesetzt hat, um das Klima stabil zu halten – das Niveau, zu dem die Menschheit zurückkehren muss und das sie nach Erreichen des Null-Emissions-Ziels durch »negative Emissionen« dauerhaft halten muss. Bis dahin ist es bei der gegenwärtigen Klimabilanz jedoch ein weiter Weg: Mehr als die Hälfte aller CO_2-Emissionen sind nach dem Überschreiten dieses Grenzwerts erfolgt.

An einem der heißen Sommertage im Jahr 1988 sagte James Hansen bei einer Anhörung vor dem amerikanischen Kongress als Zeuge über den Klimawandel aus. Am folgenden Tag titelte die *New York Times*:

Global Warming Has Begun, Expert Tells Senate – Globale Erwärmung hat begonnen, Experte warnt Senat

IM NOVEMBER DES FOLGEJAHRES sagte die britische Premierministerin Margaret Thatcher in einer Rede vor der UN-Generalversammlung:

»Die Klimaherausforderung, vor der die gesamte Welt steht, erfordert von der gesamten Welt eine geschlossene Antwort. Jedes Land ist betroffen, und kein Land kann seinen Beitrag verweigern [...]. Die Industriestaaten müssen die nicht-industrialisierten Länder unterstützen und einen größeren Beitrag leisten.«

Die internationale Politikerriege kam zu Gesprächen zusammen. Verhandelte. Kam zu neuen Gesprächen zusammen. Schloss Übereinkommen. Erstmals 1997 in Kyoto. Dann 2015 in Paris. Als die USA das Kyoto-Protokoll 2001 aufkündigten, verlor es seine Kraft und hatte allenfalls noch Symbolcharakter.

HEUTE STEUERN DIE LÄNDER DER WELT auf ein weiteres dramatisches politisches Scheitern zu. Denn seit der Unterzeichnung des Pariser Klimaschutzabkommens sind die weltweiten CO_2-Emissionen unverändert weiter gestiegen. Zudem ist in den kommenden zehn Jahren eine weltweite Produktion von fossilen Brennstoffen projektiert, die das für die Einhaltung des 1,5-Grad-Ziels des Pariser Klimaabkommens zur Verfügung stehende CO_2-Budget um 120 Prozent übersteigt. Dies geht aus dem »Production Gap Report« des UN-Umweltprogramms UNEP hervor. Um die erforderlichen Veränderungen noch rechtzeitig zu vollziehen, müssen Pläne zerrissen und Verträge gebrochen werden. Und zwar in einem nie zuvor dagewesenen Ausmaß und in einem nie zuvor gesehenen Tempo.

DOCH DIE URSACHEN DER KLIMAKRISE WURZELN NICHT nur im Unvermögen verantwortlicher Politiker*innen, ihr Handeln am Stand der Klimaforschung auszurichten. Auch andere Akteure tragen Schuld daran, dass wir heute an dem Punkt stehen, wo wir stehen. Erdöl-, Gas- und Kohle-Konzerne bilden gemeinsam eine der mächtigsten Industriebranchen der Welt.

Seit Jahrzehnten wissen die Riesen der amerikanischen Energiewirtschaft um die Auswirkungen der Verbrennung fossiler Rohstoffe auf das Klima. Sie beauftragten eigene Forscherteams und tauschten die Ergebnisse untereinander aus. Doch statt eine Kurskorrektur vorzunehmen, haben sie in teuren Kampagnen gezielt Zweifel an den Erkenntnissen unabhängiger Klimaexperten gesät, eine Energiewende bewusst verzögert und verhindert, dass die Öffentlichkeit vom Ernst der Lage erfährt.

IM VERGANGENEN JAHRZEHNT haben Wissenschaftler*innen und Journalist*innen interne Dokumente von Ölkonzernen aufgedeckt, die schwarz auf weiß belegen, dass die Energiekonzerne über die fatalen Auswirkungen ihrer CO_2-Emissionen auf das Klima Bescheid wussten. Die Dokumente entlarven, welche Taktiken die Wirtschaft einsetzte, um die Öffentlichkeit bewusst irrezuführen: Sie haben vermeintliche Experten zitiert, Verschwörungstheorien verbreitet und Forschungsberichte aus dem Zusammenhang gerissen. Bewährte Verschleierungsmethoden, mit denen einst schon die Tabakindustrie die Öffentlichkeit hinsichtlich der Risiken und Gefahren des Rauchens getäuscht hat.

Gezielte Lobbyarbeit und Desinformationskampagnen über den menschengemachten Klimawandel setzen sich bis heute fort. In einer 2013 veröffentlichten Studie deckte der Umweltsoziologe Robert J. Brulle auf, dass amerikanische Klimaleugner-Denkfabriken und Wirtschaftslobbys zwischen 2003 und 2010 aus einem durchschnittlichen Jahresbudget in Höhe von rund 900 Millionen US-Dollar schöpfen konnten.

Die Klimakrise ist ein Cocktail aus schädlichen menschlichen Aktivitäten, einer bewussten Irreführung seitens der fossilen Brennstoffindustrie und politischem Versagen. Aber auch die Medien haben ihren Anteil daran.

Medien leisten einen unverzichtbaren Beitrag zum Funktionieren einer Demokratie und erfüllen eine zentrale Aufgabe: Bürger*innen mit Informationen zu versorgen, auf deren Grundlage sie sich ihre individuelle Meinung bilden und ihre Entscheidungen fällen können, damit Politik am Wählerwillen informierter Bürger*innen ausgerichtet werden kann.

In ihrem Buch *Elements of Journalism* (dt.: Elemente des Journalismus) schreiben Bill Kovach und Dan Rosenstiel:

1. Wahrheit ist die erste Pflicht des Journalismus.
2. Loyalität gehört vor allem den Bürger*innen.
3. Die Essenz des Journalismus ist die Überprüfung, das ständige Streben nach wahrheitsgemäßer, unvoreingenommener Berichterstattung.

Im Jahr 1988 waren eine Vielzahl von Maßnahmen erforderlich, um eine Klimakatastrophe abzuwenden, im Jahr 2021 erfordert es Maßnahmen von weitaus größerer Dimension. Trotzdem herrscht nach wie vor große Unkenntnis über den Ernst der Krise.

In einem Bericht vom Sommer 2020 veranschaulichen Wissenschaftler*innen des Reuters Institute for the Study of Journalism das vorherrschende Problembewusstsein der Menschen hinsichtlich des Klimawandels.

Anteil der Befragten, die den Klimawandel als äußerst oder sehr schwerwiegendes Problem betrachten (in Prozent)

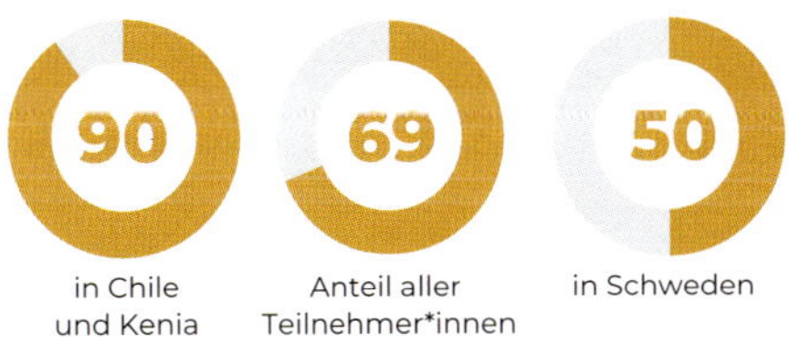

Anteil der Befragten, die den Klimawandel als kein schwerwiegendes Problem betrachten (in Prozent)

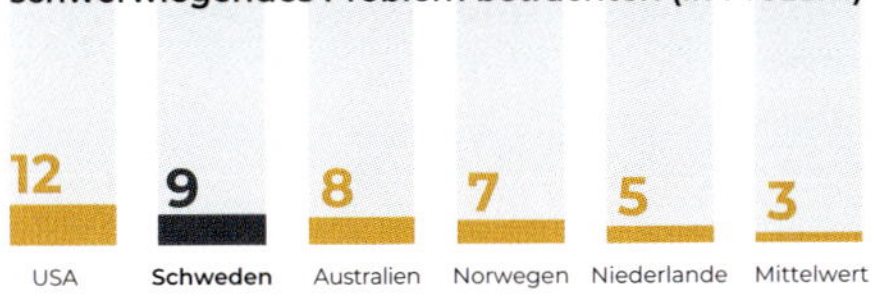

Quelle: Reuters Institute Digital News Report 2020

Methode: Onlinepanel mit 80 000 Teilnehmern aus 40 Ländern. Die Auswahl erfolgte anhand der Parameter Alter, Geschlecht, Herkunft und Ausbildung.

Diese Methode kann eine gewisse Verzerrung in Hinblick auf weniger entwickelte Länder beinhalten, da dort Personen mit hohem Bildungsabschluss häufiger über Internetzugang verfügen. Aus schwedischer Perspektive ist der Hinweis angebracht, dass selbstrekrutierende Onlinepanels in der Vergangenheit die in der Bevölkerung vorhandenen Sympathien für die rechtspopulistischen Schwedendemokraten überschätzt haben, deren Wähler skeptischer gegenüber dem Klimawandel sind als der Durchschnitt.

Der dramatische Einfluss des Menschen auf das Klima – trotz Kenntnis und politischer Absichtserklärungen

Quelle: Scripps Institution of Oceanography at UC San Diego

Hier befinden wir uns heute.

CO_2-Konzentration in der Atmosphäre in den vergangenen 800 000 Jahren.

Bis 1958 stammen die Datensätze aus Eisbohrkernmessungen, im weiteren Verlauf aus Messungen am Mauna Loa. Angaben in Teile pro Million (ppm).

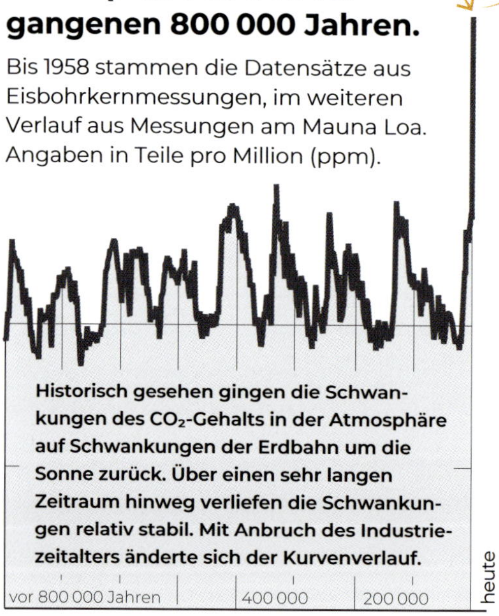

1. **1979:** Die erste Weltklimakonferenz findet statt.
2. **1988:** Der UN-Weltklimarat IPCC wird gegründet.
3. **1995:** In Berlin findet die erste UN-Klimakonferenz (COP1) statt, danach werden jährlich Klimakonferenzen unter der Schirmherrschaft der Vereinten Nationen anberaumt.
4. **1997:** Das Kyoto-Protokoll wird verabschiedet.
5. **2001:** Die USA beschließen, das Kyoto-Protokoll nicht zu ratifizieren.
6. **2005:** Der EU-Emissionshandel wird eingerichtet.
7. **2005:** Das Kyoto-Protokoll tritt in Kraft, besitzt jedoch eher Symbolcharakter.
8. **2009:** COP15 in Kopenhagen.
9. **2015:** COP21 in Paris, das Pariser Klimaabkommen wird verabschiedet.
10. **2017:** Donald Trump kündigt den Ausstieg der USA aus dem Pariser Klimaabkommen nach den Wahlen im November 2020 an.
11. **2018:** Der Weltklimarat präsentiert seinen Sonderbericht zum 1,5-Grad-Ziel.
12. **2019:** In Madrid findet der UN-Sonderklimagipfel COP25 statt.

Der Weltklimarat IPCC grenzt das »Vorindustrielle Zeitalter« auf die Referenzperiode 1850 bis 1900 ein.

2020: Die in Glasgow geplante COP26 wird aufgrund der Coronapandemie verschoben.

2021: Die USA kehren ins Pariser Klimaabkommen zurück.

04

HOW DARE YOU?

23. **SEPTEMBER** 2019

IM VERNEHMUNGSRAUM des Kungsholmener Polizeireviers schob Gretas Mutter Malena dem ihr gegenübersitzenden Polizeibeamten vier Briefumschläge zu. Zwei enthielten Exkremente, die beiden anderen: Todesdrohungen.

»Ich möchte Anzeige erstatten«, sagte sie.

Als eine der bekanntesten Opernsängerinnen Schwedens war Malena Anfeindungen gewohnt. Bevor Gretas Klimaengagement das Leben der Familie umkrempelte und sie zum Umdenken bewog, waren sie nach Brüssel, Berlin oder Wien geflogen – wo immer Malena gerade auf der Bühne stand. Hatten ein paar Monate hier, ein paar Monate dort gelebt, in gemieteten Altbauwohnungen mit hohen Stuckdecken. Malena sang Rollen in *Figaros Hochzeit, Fräulein Julie, Don Giovanni*. Als sie 2009 den schwedischen Vorentscheid zum Eurovision Song Contest gewann und das Königreich in Moskau vertrat, avancierte sie zum Publikumsliebling.

Sie war ein bekanntes Gesicht, eine Frau – und sie nahm kein Blatt vor den Mund. »Bezieht Stellung. Reißt keine Familien auseinander. #zerreißtdasgesetz«, postete sie in den sozialen Medien, als die schwedische Regierung 2016 eine Verschärfung der Flüchtlingspolitik plante. Die Hasstiraden gegen sie nahmen zu. Doch an diesem Nachmittag im September 2019 saß sie im Polizeirevier und erstattete Anzeige in einer anderen Rolle, als Mutter.

Diesmal waren die Drohungen gegen ihre Tochter gerichtet. In dem kahlen Vernehmungsraum der Stockholmer Polizei schilderte Malena den Hass, der ihrer Familie entgegenschlug. Dass einer der Briefeschreiber drohte, die ganze Familie »aufzuschlitzen«, inklusive der beiden Hunde, wenn Greta nicht aufhöre zu streiken. Dass vor zwei Tagen ein Mann vor ihrem Haus gestanden und auf Italienisch Drohungen gebrüllt hatte. Als Opernsängerin beherrschte sie die Sprache gut genug, um zu verstehen, was er sagte: »Ich bringe deine Tochter um, du verfluchte Hure.«

Doch gleich musste sie ihre Aussage unterbrechen.

»Meine Tochter spricht vor den Vereinten Nationen«, sagte sie zu dem Polizeibeamten.

IM BACKSTAGE-RAUM DES UN-WOLKENKRATZERS in New York war es kurz vor zehn Uhr vormittags. Greta hielt ihr Redemanuskript in der Hand und ging ein letztes Mal den Wortlaut ihrer Botschaft durch. In den vergangenen Tagen waren Passagen ihrer bisherigen Reden an die Fassade des UN-Gebäudes projiziert worden, und Passanten hatten lesen können:

Euer Bestes zu tun, ist nicht mehr gut genug.
Wir alle müssen das scheinbar Unmögliche tun.

»Hallo!«, sagte in diesem Moment eine Frau und setzte sich neben sie.

Es war die deutsche Bundeskanzlerin Angela Merkel. Sie war nicht die einzige Politikerin im Raum. Staats- und Regierungschefs aus aller Welt waren an diesem Tag in New York zugegen, und für genau diese Adressaten hatte Greta ihre Rede geschrieben. Seit Monaten hatte sie darüber nachgedacht, was sie ihnen sagen wollte. »Ich wollte ihnen die Schuld geben«, erzählt sie. »Ihnen sozusagen die Hosen runterziehen.«

Die Bundeskanzlerin lächelte Greta an, deutete auf einen ihrer Mitarbeiter, der neben ihnen stand, und fragte: »Ist es in Ordnung, wenn mein Kollege ein Foto von uns macht? Ich würde es gern in den sozialen Medien verwenden.«

Fast ein Vierteljahrhundert zuvor, als in Berlin die erste UN-Klimakonferenz COP1 stattfand, hatte Angela Merkel als deutsche Umweltministerin den Vorsitz geführt. Damals existierte der UN-Weltklimarat seit gut sechs Jahren, und die Tatsache, dass die globale Erwärmung und ihre fatalen Konsequenzen sich nur durch umfassende politische Maßnahmen stoppen ließen, war längst unumstößlicher Fakt.

Trotzdem war die Klimasituation in dem Moment, als Greta von Angela Merkels Handykamera verewigt wurde, so kritisch, dass UN-Generalsekretär António Guterres die Politiker*innen der Welt zu einem Sonderklimagipfel gerufen hatte. Die nationalen Emissionsminderungsziele der Länder reichten nicht annähernd aus, um die im Pariser Abkommen vereinbarten Temperaturziele zu erfüllen.

Bis zu Gretas Rede waren es nur noch wenige Augenblicke. Sie hatte ihren Platz auf dem Podium eingenommen, den Stuhl, von dem aus sie sprechen würde. »Ich habe gedacht, das ist ein großer Moment, ich muss mich fokussieren«, erzählt sie. »Aber nervös war ich nicht. Situationen, die viele Menschen als stressig empfinden, regen mich nicht auf.«

In diesem Moment richtete die Moderatorin das Wort an sie. »Du hast Millionen Kinder und Jugendliche auf der ganzen Welt dazu inspiriert, sich für Klimaschutz zu engagieren und von den Politikern Taten zum Stopp des Klimawandels einzufordern. Welche Botschaft hast du an die heute hier versammelten Führer der Welt?«

Die Frage war nicht abgesprochen gewesen. Ihre Rede hatte Greta gründlich vorbereitet, Daten und Fakten wie immer von mehreren Klimaexperten prüfen und gegenlesen lassen. Niemand hatte ihr etwas davon gesagt, dass sie vorher spontane Fragen beantworten sollte. Greta richtete das vor ihr auf dem Tisch stehende Mikrofon und sagte: »Meine Botschaft lautet: Wir werden euch im Auge behalten.«

Die Staats- und Regierungschefs im Saal klatschten höflich. António Guterres lachte auf der Bühne amüsiert auf. Greta lachte nicht, sie begann zu sprechen.

IHRE MUTTER MALENA HATTE IM VERNEHMUNGSRAUM des Kungsholmener Polizeireviers Gesellschaft von weiteren Polizeibeamtem bekommen, die über ihre Schulter auf ihr Handydisplay blickten sie alle wollten Gretas Rede sehen und hören.

»All das hier ist falsch. Ich sollte nicht hier auf der Bühne sein. Ich sollte in der Schule sein, auf der anderen Seite des Ozeans«, sagte Greta im Display.

Etwas in ihrer Stimme ließ ihre Mutter aufhorchen.

»Seit über dreißig Jahren ist der Klimawandel wissenschaftlich erwiesen. Wie könnt ihr es wagen, weiter wegzusehen und hierherzukommen und zu behaupten, ihr würdet genug unternehmen, wenn die erforderlichen politischen Maßnahmen und Lösungen noch immer nicht in Sicht sind?«

Malena hörte es deutlich, ihre Tochter war traurig. Und Greta hatte Tränen in den Augen, als sie fortfuhr:

»Wie könnt ihr es wagen zu behaupten, die Lösung bestünde darin, so weiterzumachen wie bisher – mithilfe von ein paar neuen Technologien?«

Aber niemanden überraschte Gretas emotionaler Auftritt mehr als Greta selbst. Während sie sprach, hatte man das Licht im Saal ausgeschaltet, der einzige Scheinwerfer war auf Greta gerichtet.

»Plötzlich hat mich die Situation unglaublich aufgewühlt«, erzählt sie. »Ich glaube, erst da wurde mir bewusst, wie wichtig diese Rede ist, dass alle Regierungschefs der Welt und die ganze Weltpresse vor mir sitzen.«

Und noch etwas anderes kam hinzu. Greta hatte den Punkt überwunden, an dem das Ausmaß der Klimakrise sie fast täglich aus dem Gleichgewicht brachte, wo das existenzbedrohende Potenzial der Klimafrage allgegenwärtig war. Doch in diesem Moment brach es wieder über sie herein.

»Das, was mit unserem Planeten geschieht, ist extrem … die Klimakrise ist schwer zu erfassen«, sagt Greta. »Aber manchmal, für einen kurzen Augenblick, wird man sich ihrer vollen Tragweite bewusst. Und einen solchen Augenblick hatte ich da auf dem Podium.«

Gretas Rede war kurz, sie dauerte nur vier Minuten. Über die Schlusssätze hatte sie lange nachgedacht.

»Ich stand vor der Wahl, den Politikern die Verantwortung zu übertragen oder zu sagen: ›Wir brauchen euch nicht. Wir, das Volk, machen das auch ohne euch.‹ Aber zum Schluss fiel mir die Entscheidung leicht«, erzählt sie. »Das Schicksal der Menschheit liegt nicht in den Händen der Politik.«

Greta schloss ihre Rede: »Wir werden euch das nicht durchgehen lassen. Genau hier und jetzt ziehen wir den Schlussstrich. Die Welt wacht auf. Und der Wandel wird kommen, ob es euch gefällt oder nicht.«

Wäre Greta eine Künstlerin, könnte man diesen Moment als ihren Durchbruch bezeichnen. In der Mitte der Woche, in der den Zahlen der Veranstalter zufolge weltweit über sieben Millionen Menschen für das Klima auf die Straßen gingen, gingen die Videoclips ihrer Rede vor der Generalversammlung der Vereinten Nationen viral. Sie wurden über zwanzig Millionen Mal angeklickt. Und auf dem Instagram-Account der jugendlichen Klimaaktivistin kamen drei Millionen neue Follower hinzu.

Nach ihrer Rede wird Greta durch die Korridore des UN-Gebäudes gelotst. Ihr Vater Svante wartet draußen auf sie, ein paar Straßenzüge entfernt – außerhalb der Absperrungen. Nachdem Greta die einer U-Bahn-Station ähnlichen Drehkreuze im Foyer passiert hat, wird sie von einem Sicherheitsbeamten am Verlassen des Gebäudes gehindert und aufgefordert, in einer Ecke zu warten. Die Szene wird von Handykameras aufgenommen. »Mr. President!«, ruft ein Journalist.

Als Donald Trump das Gebäude betritt, steht Greta mit vor der Brust verschränkten Armen ein paar Meter hinter ihm und blickt Trump mit finsterer Miene nach.

IM FENSTERLOSEN VERNEHMUNGSRAUM des Kungsholmener Polizeireviers wandte Malena sich an die hinter ihr stehenden Beamten. Greta hatte ihre Rede beendet, der Beifall war verstummt. »Das ist, was meine Tochter macht«, sagte sie. »Das ist die Bedrohung, die über uns schwebt.«

05

IN DER PRÄRIE

THE DAKOTAS, 7.–8. OKTOBER 2019

ALS DIE RIESIGE RINDERHERDE vor uns über den Highway zog, wollte Greta zuerst nicht aussteigen.

»Ich halte das für keine gute Idee«, sagte sie. »Ich will die Tiere nicht stressen, dann dauert es nur länger, bis die Straße wieder frei ist.«

Roger stand mitten auf dem Highway, auf der durchgezogenen gelben Linie, ich ein Stück hinter ihm. Auf dem Weg hierher waren wir in New York zwischengelandet, und wir hatten viel über die Emissionen geredet, die wir verursachten, indem wir Greta hinterherreisten. Konnten wir so weitermachen und quer durch die Welt fliegen? Bei mir hatte ein Umdenken eingesetzt, und ich begann, mein Verhalten zu ändern.

Hatte Greta mich beeinflusst?

In unserer Journalistenrolle vollführten Roger und ich permanent einen Drahtseilakt. Als Journalisten war es unsere Pflicht, so nah wie möglich an Greta heranzukommen, um unseren Leser*innen ihren Weg zu schildern. Gleichzeitig durften wir ihr jedoch nicht *zu* nahe kommen, mussten uns den unabhängigen Journalistenblick bewahren. Diesen Punkt diskutierten wir immer wieder, sowohl untereinander als auch mit Svante und Greta. Und ich war fest davon überzeugt, dass nicht Greta mein Umdenken bewirkt hatte, sondern meine persönliche Erkenntnis, die ich im Verlauf meiner Recherchen gewonnen hatte. Als mir die Risikolandschaft bewusst wurde, waren Veränderungen die logische Konsequenz.

Roger und ich waren seit zwei Stunden mit Greta und Svante als Beifahrer in unserem am Flughafen von Rapid City gemieteten Leihwagen unterwegs. Während dieser Etappe mussten die beiden ihr E-Auto, einen Tesla, notgedrungen zurücklassen. In der Prärie – im Grenzland zwischen North und South Dakota – gibt es keine Ladesäulen. Greta hatte eine Einladung nach Fort Yates erhalten, einer Stadt im Indianerreservat Standing Rock. Die meisten Einwohner sind Sioux vom Stamm der Lakota und Dakota. Drei Jahre zuvor hatten die Jugendlichen des Reservats die indigene Bevölkerung der USA zum vereinten Protest gegen den Bau der Dakota Access Pipeline durch ihr Stammesgebiet mobilisiert. Sie errichteten ein Protestcamp vom Ausmaß einer Kleinstadt mit Garküchen, Unterrichtsräumen und Ambulanzzelten. Tausende Menschen zogen in das Camp, beteten gemeinsam und schützten die heiligen Grabstätten ihrer Urahnen mit ihren Körpern vor der Zerstörung durch die angerückten Bulldozer.

Die Polizei ging mit Tränengas, Gummigeschossen und Wasserwerfern gegen die Demonstrant*innen vor.

Präsident Obama ließ als eine seiner letzten Amtshandlungen den Bau der Erdölpipeline im Dezember 2016 stoppen. Einer der jungen Anführer der Protestbewegung äußerte sich damals gegenüber *ABC News* zum erkämpften Erfolg:

»Wenn man als Angehöriger der indigenen Bevölkerung Amerikas aufwächst, hat man oft das Gefühl, nicht gesehen zu werden. Man hat das Gefühl, überall unerwünscht zu sein. Man hat das Gefühl, alle wären erleichtert, wenn man sich einfach in Luft auflöste. Aber jetzt ist es ein gutes Gefühl, als Mensch anerkannt worden zu sein.«

Einige Rinder galoppierten muhend über den Highway. Ein Farmer knatterte mit seinem Fourwheeler über das an die Straße grenzende Feld. Der Mann brüllte die Tiere an, versuchte sie geschlossen über den Highway zu treiben.

»Komm raus, Greta!«, rief Svante.

Die Landschaft war schwindelerregend schön. Vergilbtes, wild wucherndes Gras und tiefblauer Himmel, so weit das Auge reichte. Greta stieg aus dem Auto und kam ein paar Schritte auf uns zu. Wir standen ein gutes Stück von der Rinderherde entfernt, die Tiere schienen unsere Anwesenheit gar nicht zu bemerken.

»Dies ist einer der Orte, von denen ich geglaubt hatte, sie nie zu sehen«, sagte Greta. »Als ich mich entschied, nicht mehr zu fliegen, hatte ich damit gerechnet, viele Orte der Welt nicht mehr erreichen zu können.«

Ein paar Minuten später war die Herde vorübergezogen, und wir fuhren weiter. Kaum hatten wir die Tiere hinter uns gelassen, begegneten wir einem langen Truck.

»Ist das ein Schlachttiertransporter?«, fragte Greta von der Rückbank.

Roger fuhr dichter auf, damit wir die Aufschrift des verblichenen Aufklebers auf einer der Hintertüren lesen konnten. *BEEF*. Gefolgt von einem Satz, die Buchstaben waren verblasst, aber noch zu erkennen. *It's what's for dinner.*

Lange Roadtrips waren zurzeit Gretas und Svantes Alltag. Nach Gretas Rede vor der UN-Generalversammlung in New York hatten sie ihren Weg über den nordamerikanischen Kontinent angetreten. Begonnen hatten sie mit einem Abstecher nach Kanada. Sie hatten in Quebec Wale beobachtet, dann waren sie in Ontario gewesen und von dort wieder in die USA zurückgekehrt. Erster Programmpunkt Chicago, gefolgt von Iowa City. Und jetzt waren sie hier, auf halber Wegstrecke zur Westküste. Morgen würde Greta vor Schüler*innen der Standing Rock Community School sprechen.

»Dieser Ort liegt an vorderster Front«, sagte sie. »Die Menschen hier sind am stärksten gefährdet. Aber gleichzeitig sind sie die Vorreiter im Kampf gegen die Klimakrise und die ökologische Krise. Sie haben eine Verbindung zur Natur bewahrt, die viele von uns verloren haben. Sie wissen, wie wir diese Krise bewältigen können.«

ALS DONALD TRUMP ZUM PRÄSIDENTEN DER Vereinigten Staaten gewählt wurde, war Greta dreizehn Jahre alt. Sie hatte die Wahlen mit Spannung verfolgt, erzählte sie von der Rückbank unseres gemieteten Subaru – während sie ihr Abendessen aß. Zwei Brotscheiben ohne Aufstrich oder Belag und weiße Bohnen in Tomatensoße direkt aus der Dose.

»Ich werde nie vergessen, wie du mich am Morgen nach der Wahl geweckt hast«, sagte sie zwischen den Bissen zu ihrem Vater.

In Stockholm hatte es in dieser Nacht so stark geschneit, dass die Straßen unpassierbar waren.

»Erst hast du gesagt, dass ich wegen des Schnees nicht zur Schule muss. Und dann hast du gesagt: ›Übrigens, Trump hat gewonnen.‹ Ich weiß noch, dass ich es mir nicht anmerken lassen wollte, aber innerlich habe ich gedacht: ›Wow, jetzt ist es passiert.‹ «

Ich schaltete mich ein, diese Frage musste ich stellen:

»Wolltest du, dass Trump die Wahl gewinnt?«

»Ich dachte, dass die Leute jetzt aufwachen müssen«, erklärte Greta. »Wenn Hillary Clinton gewonnen hätte, wäre die Klimabewegung ganz bestimmt nicht so stark, wie sie heute ist. Es gibt so viele soziale Kipppunkte, die ein Aufwachen der Gesellschaft begünstigen. Ich kann mich irren, aber ich glaube, dass man Trumps Präsidentschaft als Wendepunkt bezeichnen wird.«

Inzwischen fuhren wir in Kolonne hinter einem roten Pick-up, in dem Chase Iron Eyes und seine Tochter Tokata saßen. Eine andere sechzehnjährige Klimaaktivistin, die gemeinsam mit Greta in die Highschool eingeladen worden war. Tokata befand sich auf vertrautem Terrain. Sie war im Standing-Rock-Reservat aufgewachsen und hatte als Zwölfjährige gegen den Bau der Dakota Access Pipeline demonstriert.

An seinem fünften Amtstag im Weißen Haus hatte Donald Trump den von der Obama-Regierung verhängten Baustopp der Pipeline aufgehoben, und mittlerweile floss Öl in den Rohren unter dem Missouri River – dem heiligen Fluss der Sioux-Indianer und der Trinkwasserquelle des Standing-Rock-Reservats.

Es war nicht die erste umwelt- und klimaschädliche Maßnahme der Trump-Regierung. Und auch nicht die letzte. Das Sabin Center for Climate Change Law der Columbia-Universität hat die Entwicklung genau dokumentiert. Die Eingriffe in die Klimapolitik erfolgten an allen Ecken und Enden, große wie kleine. Von weltpolitischen Paukenschlägen wie der Aufkündigung des Pariser Abkommens bis hin zum Stopp eines Gesetzes, das den Verkauf herkömmlicher Glühbirnen verboten hätte. Michael Burger, der Geschäftsführer des Sabin Center, beschreibt das Vorgehen der Trump-Regierung in der Klimapolitik »als systematische und umfassende Anstrengung, sämtliche von der Obama-Administration durchgeführten und eingeleiteten Maßnahmen zu demontieren«.

DIE WEISSEN BOHNEN waren aufgegessen, und über den Weiten der Prärie war die Sonne untergegangen. Draußen war es stockfinster. Seit fast einer Stunde befanden wir uns auf dem Gebiet des Standing-Rock-Reservats. Doch das Areal war groß, und Fort Yates lag weit im Norden am Ufer des Missouri River. Greta war auf der Rückbank eingeschlafen. Svante beugte sich zu Roger und mir nach vorn. »Ich wäre euch dankbar, wenn ihr möglichst nicht über eure Rückreise redet, sobald sie ansteht. Und fragt Greta bitte nicht, wann und wie wir nach Hause fahren. Sie hat riesiges Heimweh, und nicht zu wissen, wann wir wieder in Stockholm sein werden, bedrückt sie.«

Mit jedem Kilometer, den wir zurücklegten, wurde der Handyempfang schlechter, doch kurz darauf hatten wir das Casino am Stadtrand von Fort Yates erreicht, in dem wir uns für die Nacht einquartierten.

Für die Bewohner des Standing-Rock-Reservats war die Erdölpipeline in erster Linie eine akute Umweltbedrohung. Ein Leck in der den Missouri River unterquerenden Pipeline-Trasse hätte katastrophale Folgen für die Trinkwasserversorgung der Region. Doch der Bau war auch ein Beweis der anhaltenden Neuinvestitionen in fossile Infrastruktur – und damit ein Schritt in die falsche Richtung bei dem Ziel, die globalen Treibhausgasemissionen auf null zu senken.

Ähnliche Beispiele lassen sich überall auf der Welt beobachten, wo lokale Umweltfragen mit der globalen Klimakrise Hand in Hand gehen: Überall da, wo Regenwälder abgeholzt werden, wie im Amazonasgebiet, in Kongo-Kinshasa oder Indonesien. Überall da, wo große Industrien die Luft verschmutzen, wie in Neu-Delhi, Peking oder Johannesburg. Überall da, wo Öl aus den Böden gepumpt oder aus den Bergen gesprengt wird, wie in der kanadischen Provinz Alberta oder im australischen Queensland.

Und wie in den USA werden weltweit politische Beschlüsse gefasst, die die Umwelt zerstören und die globale Erwärmung weiter anheizen. Fossile Energieträger werden mit Geldern der Steuerzahler finanziert: Die Regierungen der G20-Staaten subventionieren fossile Brennstoffe jährlich mit rund 500 Milliarden Euro. Dies geht aus einem Bericht des International Institute for Sustainable Development vom November 2020 hervor. Die schwedische Regierung gewährt für fossile Brennstoffe jedes Jahr Steuervergünstigungen in Höhe von 12 Milliarden Kronen (1,18 Milliarden Euro).

Als wir am nächsten Morgen an der Standing Rock Community School eintrafen, führte man uns in die Turnhalle der Schule. Fahnen an den Wänden verrieten, dass hier das Basketballteam der Warriors zu Hause war. Davon abgesehen hätte es eine Sporthalle in jedem x-beliebigen Stockholmer Vorort sein können.

Greta und Tokata Iron Eyes wurden als Ehrengäste mit einem indigenen Segensritual begrüßt. Der geistige Führer des Stamms Arvol Looking Horse schwenkte Weihrauch und strich Vogelfedern über ihre Köpfe, traditionelle Trommelrhythmen begleiteten die Zeremonie. Es war ein eigentümlich intimer Moment in der großen Turnhalle, wo sich 500 Schüler*innen versammelt hatten.

Nach der Zeremonie sprachen die beiden Jugendlichen über die Klimakrise und beantworteten Fragen. Ein Junge wollte von Greta wissen, wie sie mit Donald Trumps Kommentaren über sie umging, die der amerikanische Präsident in den sozialen Medien postete. Am Tag nach ihrer Rede beim

UN-Klimagipfel hatte er ironisch getwittert: »Sie scheint ein sehr glückliches junges Mädchen zu sein, das sich auf eine glänzende und wundervolle Zukunft freut. Das ist schön zu sehen!«

»Er hat mich auf Twitter verhöhnt«, antwortete Greta. »Aber es ist doch klar, warum er das macht. Er hat Angst, weil so viele junge Menschen den Mund aufmachen.«

Als Letztes hob ein Mann die Hand und bat darum, etwas sagen zu dürfen. Die Leute auf der Tribüne klatschten. Sie kannten ihn. Es war der ehemalige Sioux-Häuptling Jay Taken Alive.

»Du weckst die Welt auf«, sagte er an Greta gewandt. Dann drehte er sich zum Publikum. »Ich denke, unser Gast sollte uns mit dem ehrenvollsten Geschenk verlassen, das wir ihm geben können: mit einem Lakota-Namen.«

Die Leute auf den Bänken applaudierten euphorisch. Er habe auch schon einen Vorschlag, fuhr Jay Taken Alive fort:

Mahpiya Ethan hi wi – Die Frau, die aus dem Himmel kam.

*»Als ich mich entschied,
nicht mehr zu fliegen,
hatte ich damit gerechnet,
viele Orte der Welt
nicht mehr erreichen zu
können.«*

Greta möchte die vorüberziehende Herde, die den Highway
blockiert, nicht stören und bleibt in sicherer Entfernung stehen.
Aber die Tiere nehmen gar keine Notiz von ihr.

South Dakota, USA, 7. Oktober 2019

Greta während ihres Besuchs im Standing-Rock-Reservat in North Dakota. Die Bewohner verleihen ihr den Lakota-Namen: *Mahpiya Ethan hi wi* – Die Frau, die aus dem Himmel kam.

North Dakota, USA, 8. Oktober 2019

Shane Balkowitsch porträtiert Greta mit einer Kameratechnik des 19. Jahrhunderts. Die Aufnahme befindet sich in der Library of Congress in Washington, D.C.

North Dakota, USA, 8. Oktober 2019

In Standing Rock trifft Greta die gleichaltrige Klimaaktivistin Tokata Iron Eyes. »In diesem Kampf fühlt man sich oft ziemlich allein. Es ist toll, jemandem zu begegnen, der genauso engagiert und mutig ist«, sagt Tokata.

North Dakota, USA, 8. Oktober 2019

In Nebraska sehen Greta und ihr Vater Svante endlose Kohlezüge durchs Land rollen.

Nebraska, USA, 9. Oktober 2019

K03R

Während ihr Elektroauto an einem Truckstop lädt, nutzt Greta die Gelegenheit, um sich die Beine zu vertreten.

Nebraska, USA, 9. Oktober 2019

Nach ihrer Rede in der Standing Rock Community School wird Greta von einer Polizeibeamtin begleitet.

North Dakota, USA, 8. Oktober 2019

EXIT

Greta spricht auf einer Klimakundgebung in Denver. Am Vortag wurde sie als Favoritin für den Friedensnobelpreis gehandelt – erhalten hat ihn Äthiopiens Premierminister Abiy Ahmed.

Denver, USA, 11. Oktober 2019

Sheraton
TIAA
IF YOU MARCH WITH
GRETA

06

GEGENKRÄFTE

18. – 20. **OKTOBER** 2019

GRETA UND SVANTE WAREN DAVOR GEWARNT WORDEN, hierherzufahren. Als Greta in den sozialen Medien postete, dass sie auf dem Weg in die kanadische Provinz Alberta sei, meldeten befreundete Aktivist*innen aus den nordamerikanischen Klimaschutzbewegungen Bedenken an. Bill McKibben, der Gründer der Klimaorganisation 350.org, warnte, dass es gefährlich werden könnte. Avi Lewis, Dokumentarfilmer und Ehemann der bekannten kanadischen Klimaschutzaktivistin und Bestseller-Autorin Naomi Klein, schickte eine SMS: »Wenn die Situation so unbehaglich wird, dass ihr meint, abbrechen zu müssen, tut es. Das ist nichts, wofür ihr euch schämen müsst.«

Gretas Post provozierte Hasskommentare und Drohungen.

»Lass dich hier nicht blicken«, schrieb jemand. »Du bist hier nicht willkommen.« Von anderer Seite wurde Kritik am Zeitpunkt ihres Besuchs kurz vor den kanadischen Parlamentswahlen am 21. Oktober laut.

Greta war Anfeindungen gewohnt, Hasskommentare und Drohungen waren nicht neu für sie, ob im Netz oder im heimischen Briefkasten. Aber in den vergangenen zwölf Monaten war sie immer mit Respekt behandelt worden – zuerst in Europa, dann in den USA.

In Alberta lagen die Dinge anders.

Wäre die kanadische Provinz ein eigenständiger Staat, würde sie auf der Liste der größten ölproduzierenden Nationen Platz fünf belegen. Öl- und Erdgasindustrie sind die entscheidenden Wirtschaftsträger der Provinz und ganz Kanadas. Dreh- und Angelpunkt des Abbaus ist der Öl- oder Teersand, aus dem der Rohstoff gewonnen wird. Unter Einsatz großer Mengen Chemikalien und Energie wird über Bohrlöcher heißer Wasserdampf in die

Sandschichten geleitet, der das Öl vom Sand trennt und es aus dem Boden pumpt.

Bei dieser Art der Ölgewinnung wird bis zu viermal mehr Kohlendioxid freigesetzt als bei konventionellen Fördermethoden. Begonnen hat der Ölsandabbau in Alberta in den sechziger Jahren, heute produziert Kanada täglich 2,8 Millionen Barrel Öl.

Greta hatte von Anfang an den Wunsch geäußert, nach Alberta zu fahren. Seit Svante und sie diese Nordamerika-Reise planten, hatte die kanadische Ölsandregion auf ihrer Wunschliste gestanden. Und allen Warnungen zum Trotz hatte sie an diesem Freitag auf der Petroleum Plaza der Provinzhauptstadt Edmonton für Klimaschutz demonstriert. Nach Angaben der Veranstalter nahmen mehrere Tausend Menschen an der Kundgebung teil. Roger und ich waren inzwischen nach Schweden zurückgeflogen, aber ein Filmteam der BBC, das eine Wissenschaftsdokumentation mit Greta drehte, hatte sie begleitet. Gemeinsam mit den BBC-Leuten, die ein eigenes Sicherheitsteam dabeihatten, fuhren Greta und Svante weiter nach Fort McMurray. Das Ortsschild begrüßte sie mit den Worten: *A vibrant, sustainable region we are proud to call home* – Eine florierende, nachhaltige Region, die wir voller Stolz unsere Heimat nennen.

Es war Abend geworden, als sie vor dem Gemeindehaus am McCormick Drive aus dem Auto stiegen. Ein unverkennbarer Geruch schlug ihnen entgegen. »In der ganzen Stadt stank es nach Benzin«, erzählte Svante. »Beißend, so wie an den Tankstellen in meiner Kindheit.«

Greta war nach Fort McMurray eingeladen worden, um Chief Allan Adam zu treffen, den Anführer der indigenen Bevölkerungsgruppe Athabasca Chipewyan. Als sie den Konferenzraum betrat, forderte er sie auf, ihm gegenüber Platz zu nehmen, dann blickte er ihr fest in die Augen und hielt einen fast vierzigminütigen Monolog.

In seiner Jugend seien die Menschen um ihn herum ganz plötzlich gestorben, erzählte er. An Krebs, einer nach dem anderen. Doch statt geschlossen gegen die Industrien vorzugehen, hätten sich die indigenen Stämme in die Unternehmen hinter den Ölpipelines eingekauft. Angehörige ihrer Clans arbeiteten in den Unternehmen und waren auf sie als Arbeitgeber angewiesen. Durch ihre Teilhaberschaft hofften die Stämme wenigstens Mitspracherecht bei den Eingriffen zu haben, die auf dem Territorium erfolgten, das einst ihr ureigenes Land war. Greta hörte aufmerksam zu, wandte jedoch hin und wieder den Blick ab und heftete ihn auf den Fußboden.

Svante nahm Chief Allan Adam im Anschluss zur Seite.

»Ich musste ihm erklären, dass Greta autistisch ist«, erzählte er. »Dass es ihr schwerfällt, Leuten in die Augen zu sehen.«

Das Hotel, in dem Greta und Svante nach dem Treffen übernachteten, war in der kargen Prärieprovinz eine Luxusoase. Das Frühstücksbuffet am nächsten Morgen wartete mit dem besten Obstsalat auf, den Vater und Tochter je gegessen hatten. Im Speisesaal waren sie von Männern und Frauen in neongelber Arbeitskluft umgeben, viele saßen mit zugereisten Familienmitgliedern zu Tisch.

Die Arbeit in der kanadischen Ölsandindustrie macht sich bezahlt. In Alberta liegt das durchschnittliche Jahreseinkommen eines Ölarbeiters bei über 50 000 Euro.

»Aus unmittelbarer Nähe zu sehen, wie der Mensch sich anmaßt, Raubbau an der Natur zu betreiben, und dabei gleichzeitig abhängig von seiner eigenen Ausbeutung gemacht wird, war klaustrophobisch«, erzählte Svante.

Greta und Svante fuhren mit dem BBC-Team nach Edmonton zurück. Unterwegs war alles um sie herum grau. Die Häuser, die Straßen. Der Rauch, der aus den Schloten der Ölraffinerien stieg. Überall waren die Wälder gerodet, die Böden ausgebaggert. Das Gebiet, auf dem der Ölsand in Alberta gefördert wird, ist größer als Griechenland.

Hin und wieder leuchteten versprengte grüne Tupfer in der verödeten Landschaft – kleine Flecken mit einigen neu angepflanzten Sträuchern, Büschen und Gras. Schilder verkündeten, dass ein lokaler Ölkonzern die Wiederbegrünungsinitiative gesponsert hatte. *Given back to nature by Suncor* – renaturiert von Suncor. In Alberta waren Industrie, Natur und Bevölkerung eng miteinander verstrickt.

In Edmonton trennten sich Greta und Svante vorübergehend vom BBC-Team und dessen Sicherheitsleuten. Am nächsten Tag stand ein Dreh im Jasper-Nationalpark in den kanadischen Rocky Mountains an. Um mit dem E-Auto dorthin zu kommen, mussten sie einen Umweg über die Kleinstadt Edson machen, wo es ein Motel mit einer Ladesäule auf dem Parkplatz gab.

»Auf dem Weg dorthin begannen die Probleme«, erzählte Svante.

Auf dem Highway wurden sie von einem weißen Pkw überholt, eine junge Frau saß am Steuer. Die Fahrerin fädelte sich vor ihnen ein und bremste. Als Svante es ihr nachtat, scherte die Frau auf die linke Fahrbahn zurück und ließ sich hinter ihren Wagen zurückfallen.

»Greta«, sagte Svante. »Guck weg. Ich glaube, gleich überholt uns jemand, der dich filmen will.«

Die Frau überholte sie langsam. Aus dem Augenwinkel sah Svante, wie sie ein Handy gegen die Fensterscheibe presste. Greta und Svante versteckten sich hinter ihren Jacken.

In diesem Moment tauchte vor ihnen eine Ausfahrt auf. Svante erwischte sie im letzten Augenblick. Die Frau musste weiter geradeaus fahren.

Über Nebenstraßen erreichten sie Edson und das in die Jahre gekommene Motel, wo sie übernachten und ihr Auto aufladen wollten.

Greta und Svante waren mit ihrem Gepäck auf dem Weg zur Rezeption, als der weiße Pkw plötzlich auf den Motel-Parkplatz einbog. Die Frau kurbelte das Seitenfenster herunter und schrie im Vorbeifahren:

»Dies ist Ölland!«

Svante und Greta checkten ein, bekamen ihren Zimmerschlüssel ausgehändigt und schleppten ihre Taschen in den ersten Stock. Greta blieb im Zimmer und packte aus. Svante ging noch einmal zum Auto, um die letzten Sachen zu holen.

Eben noch hatte der Tesla allein auf dem Parkplatz gestanden. Jetzt war er von drei lehmverschmierten Pick-ups umringt. Am hinteren Ende des Parkplatzes stand eine Gruppe von zehn, zwölf Leuten. Sie starrten Svante feindselig an, und ein Mann rief:

»Fuck off!«

Svante wurde mulmig zumute. »Es lag Lynchstimmung in der Luft«, erzählte er. Äußerlich gelassen öffnete er den Kofferraum und nahm das letzte Gepäck heraus.

Ein anderer Mann rief:

»Vielleicht versteht er kein Englisch. Vielleicht kapiert er nicht, was *fuck off* heißt!«

Greta stand am Fenster ihres Motelzimmers, fotografierte das Auto und sah ihren Vater an. Absurde Situationen wie diese amüsierten sie. Sie habe Mühe gehabt, sich das Lachen zu verkneifen, sagte sie. Die Männer und Frauen bemerkten sie nicht, irgendjemand rief Svante zu:

»Deine Tochter ist ein geistig zurückgebliebener Freak.«

Svante ignorierte die Leute. Den Blick starr auf den Hoteleingang gerichtet, ging er über den Parkplatz, während die Leute ihm Verwünschungen nachschrien.

Das Pariser Abkommen verpflichtet die Vertragsstaaten zur Schaffung neuer Arbeitsplätze und zum Ersatz derer, die durch den Umbau der fossilen Infrastruktur wegfallen. Politiker*innen betonen gern die Chancen der Energiewende: »grünes Wachstum« und »grüne Jobs«.

»Natürlich wird eine nachhaltig transformierte Welt Vorteile bieten«, sagt Greta. »Aber die Klimakrise ist vor allem eine Krise, keine Gelegenheit, neue Jobs zu schaffen.«

In Edson war inzwischen die Polizei erschienen. Greta und Svante konnten nicht im Motel bleiben. Die Leute standen weiter draußen auf dem Parkplatz. Einige von ihnen zückten ihre Handys und filmten, als die Polizeibeamten Greta und Svante zu ihrem E-Auto begleiteten.

Einer der Polizisten fragte Greta, wer um alles in der Welt ihnen den Tipp gegeben habe, in Edson zu übernachten, noch dazu am Vorabend der kanadischen Bundeswahlen. Die Leute, die hier lebten, arbeiteten für die Zulieferer der Fossilindustrie, erklärte er. Sie produzierten die Dinge, die die Industrie zum Ausbau des Pipeline-Netzes benötigte. Kanadas Premierminister Justin Trudeau vollführte einen Spagat zwischen den angekündigten nationalen Klimazielen und der Unterstützung der für die kanadische Wirtschaft so wichtigen Fossilindustrie, und damit lagen sämtliche Expansionspläne auf Eis.

Die Menschen in Edson standen in Sachen Energiewende an vorderster Front.

Die Fahrt nach Jasper dauerte fast zwei Stunden. Greta und Svante kamen mit der Akkuladung gerade ans Ziel. Es war schon fast halb zwölf, als Svante auf den Hotelparkplatz einbog. Der Polizist, der sie eskortiert hatte, stieg aus seinem Wagen. Seine Tochter habe ihn gebeten, Grüße auszurichten, sagte er. Sie sei ein großer Greta-Fan. »Wäre es in Ordnung, wenn wir ein Foto machen, das ich ihr schicke?«, fragte er.

Greta nickte und lächelte in die Kamera. Der Polizist lächelte ebenfalls.

»Das Leben hier ist nicht leicht«, sagte er. »Der Ölsandabbau geht natürlich weiter, nur eben anders.«

Es war ein langer Tag. Nicht einmal Greta hatte noch Energie für eine Diskussion.

»Ja«, erwiderte sie. »Ganz genau.«

07

PLANÄNDERUNG

30. **OKTOBER** 2019

ALS DIE NACHRICHT KAM, die all ihre Pläne über den Haufen warf, stand Svante im Frühstücksraum eines Hotels in Santa Monica. Er war irritiert. Es gab auf der Karte nichts als teure, fettige Gerichte. *Zwei Eier nach Wunsch, Spiegelei, Rührei oder gekocht; Limone-Ricotta-Pancakes; Frühstücks-Burrito.* Keine vegane Alternative, nichts für Greta und ihn. Fürs Frühstück musste er sich einen Plan B einfallen lassen.

Sie hätten eigentlich bei Arnold Schwarzenegger wohnen sollen – dem ehemaligen Bodybuilder, der erst Schauspieler wurde, dann Gouverneur von Kalifornien und sich jetzt für Klimaschutz einsetzte.

Nachdem Gretas Schulstreik für das Klima viral gegangen war, war Schwarzenegger auf sie aufmerksam geworden. Schon nach wenigen Wochen twitterte er: »Ich finde es toll, wenn jemand nicht nur jammert, sondern aktiv wird und etwas unternimmt. Du inspirierst mich.« Für die Dauer ihrer Reise quer durch die USA und Kanada hatte er Greta sein Elektroauto zur Verfügung gestellt. Jetzt stand die Rückgabe an, und aus diesem Anlass hatte der ehemalige Gouverneur die Rolle ihres Gastgebers übernehmen wollen.

Doch die kalifornischen Wälder standen in Flammen, in unmittelbarer Nähe von Schwarzeneggers Haus. Die Kalifornier waren an Waldbrände gewöhnt. Sie lebten in einer Klimazone, in denen die Sommer traditionell heiß und trocken waren. Doch das Klima hatte sich verändert. Inzwischen war es im Herbst genauso trocken und heiß wie im Sommer. Die Waldbrandsaison dauerte länger, und die Feuer dehnten sich weiter aus. Neun der zehn größten Waldbrände in der Geschichte Kaliforniens seit 1933 haben sich im 21. Jahrhundert ereignet.

Arnold Schwarzenegger war, genau wie 200 000 Kalifornier mit ihm, evakuiert worden. Und weil sein Domizil unbewohnbar war, hatte er Greta und Svante in seinem Lieblingshotel, dem Fairmont Miramar, einquartiert.

Vor dem Eingang des Hotels waren Vater und Tochter Thunberg von einem riesigen Feigenbaum mit gigantischem Wurzelwerk begrüßt worden, der geradewegs aus einer skandinavischen Trollsage entsprungen zu sein schien. Vor dem Spa-Bereich, rings um den Pool und im Anschluss an den Outdoor-Fitnessbereich wehten Palmen im Wind. Das Hotel war luxuriös, aber nicht protzig. Teuer, aber geschmackvoll. Perfekt für wirtschaftlich unabhängige Wochenendtouristen, die eine Auszeit suchten fernab von Alltagsstress und Großstadtlärm.

Genau so ein Leben hatte Familie Ernman-Thunberg früher geführt: Sie waren viel und oft geflogen und hatten unbekümmert konsumiert. Doch als Greta krank wurde, hatten sie ihren Lebensstil an die Klimakrise angepasst, ihre Essgewohnheiten, ihr Konsum- und Reiseverhalten geändert. Und gerade war die Familie zweigeteilt – die eine Hälfte auf der einen Seite des Atlantiks, die andere auf der anderen –, ohne zu wissen, wann sie wieder vereint sein würden.

»Am Anfang haben wir unser Verhalten Greta zuliebe geändert, nicht weil wir uns Sorgen um das Klima gemacht haben«, sagte Svante. »Aber im Laufe der Zeit habe ich viel dazugelernt und verstanden, dass langfristige Veränderungen nur möglich sind, wenn man sich sein eigenes Versagen eingesteht. Und ich habe versagt. Meine Art zu leben hat enormen Schaden angerichtet.«

Seit Gretas Appell über die Dringlichkeit der Klimakrise Gehör findet, schlägt ihr und den anderen jugendlichen Aktivist*innen der Fridays-for-Future-Bewegung immer wieder die Kritik entgegen, sie würden ihr Augenmerk zu sehr auf die Herausforderungen fokussieren. »Wie sehen eure Lösungen aus?«, lautet der Einwand der Kritiker.

In einem unserer ersten Interviews antwortete Greta auf genau diese Frage: »Das hängt davon ab, wofür man eine Lösung sucht. Wenn man nach Lösungen für die Klimakrise sucht, muss man einsehen, dass man sich in einer Krise befindet, und anfangen, die Krise wie eine Krise zu behandeln. Erst dann können die richtigen Lösungen gefunden werden. Aber ich glaube nicht, dass man die Klimakrise lösen will, wenn man diese Frage stellt. Ich glaube, dass man Lösungen will, die es uns erlauben, genauso weiterzuleben wie bisher. Und diese Lösungen gibt es nicht – weil wir zu lange gewartet haben, etwas zu unternehmen.«

Greta lag noch im Bett und schlief, als Svantes Handy summte.

Kalifornien war ihr letzter Stopp, bevor es weiter nach Südamerika gehen sollte. Nachdem sie gut die Hälfte der US-Bundesstaaten und einige kanadische Provinzen besucht hatten, stand Gretas Teilnahme an der UN-Klimakonferenz COP25 in Santiago de Chile an. Die COP25 war der eigentliche Grund, der die Idee, über den Atlantik zu segeln, vor gut einem Jahr überhaupt erst ins Rollen gebracht hatte. Doch noch galt es, eine Vielzahl von Hürden zu überwinden, damit Greta und Svante ihr Ziel erreichten.

Der Weg war weit. Ein Langstreckenflug von Los Angeles nach Santiago de Chile dauert zirka zwölf Stunden. Aber für Greta und Svante hieß es: Reisen zu Wasser und zu Land, und Teile der Strecke galten als gefährlich.

Die erste Bus-Etappe von El Paso nach Mexico City war organisiert. Danach wurde es kompliziert. Kolumbien und Costa Rica hatten Greta offizielle Einladungen geschickt. Die kolumbianische Regierung sicherte für ihr Staatsgebiet eine Polizei- und Militäreskorte zu. Doch galt es, noch weitere Landesgrenzen zu überqueren. Die schwedische Botschaft eines der Länder hatte ihnen mitgeteilt, dass man von Reisen durch mehrere Regionen Mittelamerikas »ausdrücklich abrate«. In einem Schadensfall bestehe kein Versicherungsschutz.

Gretas und Svantes Reiseplanung änderte sich fast täglich. Der momentane Stand sah vor, mit dem Bus nach Belize zu fahren, an Guatemala, Honduras und Nicaragua vorbeizusegeln und dann mit dem Bus durch Costa Rica, Panama, Kolumbien, Ecuador und Peru zu fahren. Das Problem war nur: Sie hatten kein Segelboot und – von der ersten Busetappe abgesehen – keine Tickets für die restlichen Überlandfahrten. Und sie hatten nur noch einen guten Monat Zeit.

Svante öffnete die SMS, die er gerade bekommen hatte. Sie war von Oscar Stenström, dem schwedischen Botschafter in Santiago de Chile.

»Ihr müsst umplanen. Die COP im Dezember wurde abgesagt.«

Vor vier Tagen hatte Greta einen Instagram-Post über die anhaltenden Unruhen und Proteste in Chile ins Netz gestellt. An der Formulierung hatte sie fast eine Woche lang gefeilt. Die Lage war so brisant, dass ihr Post keinesfalls als Aufruf zum Protest missverstanden werden durfte, wenn sie ihn mit ihren fast acht Millionen Followern teilte. Greta kommentierte eine Luftaufnahme der chilenischen Hauptstadt mit den Worten: »Ein wunderschöner Anblick. Eine Million Menschen auf den Straßen von Santiago.

Meine Gedanken sind bei der chilenischen Bevölkerung. Es ist furchtbar, die Entwicklung der letzten Tage zu sehen …«

»Abgesagt?«, schrieb Svante dem schwedischen Botschafter zurück. Die Antwort kam postwendend:

»Ja, keine COP25 in Chile dieses Jahr. Der Präsident hat die Entscheidung eben verkündet. Ich habe mit dem Außenminister gesprochen. Hundert Prozent sicher. Die UN muss einen neuen Veranstaltungsort festlegen. Schade.«

Ausgelöst hatte die Proteste eine Erhöhung der Ticketpreise im öffentlichen Nahverkehr. Keine große Sache, doch diese Maßnahme war nur eine von vielen, die es der armen chilenischen Bevölkerungsschicht zunehmend erschwerte, von ihrem Verdienst zu leben. Inzwischen hatten sich die Proteste derart ausgeweitet, dass sich die Regierung nicht mehr in der Lage sah, die anberaumte UN-Klimakonferenz wie geplant im eigenen Land auszurichten.

Ein paar Minuten später erhielt Svante eine weitere SMS vom schwedischen Botschafter.

»Sieht ganz so aus, als solltest du deine Deutschkenntnisse ein bisschen auffrischen. Könnte sein, dass Bonn einspringt. Aber noch ist nichts in trockenen Tüchern. Also Ruhe bewahren und abwarten.«

Svante beschloss, Greta zu wecken, sobald er ein veganes Frühstück organisiert hatte. Sie mussten sich zusammensetzen und ihre Möglichkeiten diskutieren. Einen neuen Plan schmieden. Es musste nicht so kommen, aber was, wenn die COP25 stattdessen in Europa stattfand? Was, wenn sie schneller als gedacht nach Hause kämen?

Vorerst schrieb er dem schwedischen Botschafter zurück:

»Vor dem Spätwinter kommen wir aufgrund der Wetterverhältnisse nicht nach Europa zurück … Bonn wäre also schwierig.«

»Ich glaube, man
will Lösungen,
die es uns
erlauben,
genauso
weiterzuleben
wie bisher.«

WORAUF STEUERN WIR ZU?

DIE DURCHSCHNITTSTEMPERATUR DER ERDE ist im Vergleich zur vorindustriellen Zeit um mehr als ein Grad Celsius angestiegen, und die Folgen davon sind sichtbar. Vieles, was früher ungewöhnlich war, wird zunehmend gewöhnlicher: Hitzewellen, Dürren, Überschwemmungen, Stürme. Waldbrände verwüsten immer größere Landstriche, Missernten häufen sich. Diese Extremwetterereignisse richten Schäden und Verwüstungen an. Sie fordern Todesopfer, lösen Hungersnöte aus und zwingen Menschen dazu, ihre Häuser und ihre Heimat zu verlassen. Zudem steht zu befürchten, dass die klimatischen Veränderungen existierende Spannungen und Konflikte schüren und neue entfachen.

Je wärmer der Planet wird, umso unvorhersagbarer wird das Klima. Und mit steigender Erwärmung steigt die Gefahr, dass selbstverstärkende Dynamiken des Erdsystems in Gang gesetzt werden.

2008 hat eine Gruppe von Wissenschaftlern mehrere Elemente im Erdsystem benannt, die auch als »schlafende Giganten« bezeichnet werden: biophysikalische Elemente in den Ozeanen, an Land, in Eisschilden und in der Atmosphäre, bei denen ein winziger Schubs massive Veränderungen auslösen könnte.

Gut zehn Jahre nach dem ersten Bericht erschien eine Folgestudie.

In einer Ausgabe des Wissenschaftsmagazins *Nature* wiesen Forscher im November 2019 darauf hin, dass neun der sechzehn Systeme, die das Klima des Planeten im Gleichgewicht halten, ins Ungleichgewicht geraten sind. Die Giganten beginnen sich zu regen.

DIE ERDERWÄRMUNG ist Teil einer menschengemachten globalen Nachhaltigkeitskrise. Die Verbrennung fossiler Rohstoffe, die Rodung riesiger Waldflächen, die industrielle Massentierzucht, die Überfischung der Meere, der Ausbau von Städten, Landwirtschaft und Infrastruktur – all das hat den Verlust großer Lebensräume für Tiere und Pflanzen zur Folge. Vor hundert Jahren nutzte der Mensch 15 Prozent der Landfläche der Erde. Inzwischen sind über

77 Prozent der irdischen Landflächen von menschlicher Aktivität betroffen, die Antarktis nicht eingerechnet.

Dem »Living Planet Report« der Natur- und Umweltschutzorganisation WWF zufolge ist der Wirbeltier-Bestand seit 1970 weltweit um 68 Prozent zurückgegangen. Und der im September 2020 veröffentlichte UN-Biodiversitätsbericht zieht eine verheerende Bilanz. Sämtliche zwanzig Ziele für den Erhalt der Artenvielfalt seien verfehlt worden. »Wir sind dabei, alle nicht-menschlichen Lebewesen systematisch auszurotten«, erklärte die Exekutivsekretärin des UN-Biodiversitätsrats Anne Larigauderie.

Einer der schlafenden Giganten, der die Augen zu öffnen beginnt, ist der Amazonas-Regenwald, die Heimat von Millionen lebender Arten. Genau wie die übrigen Giganten steht der Amazonas-Regenwald kurz vor seinem *Tipping Point*, seinem Kipppunkt. An einem gewissen Scheitelpunkt könnte er unumkehrbar von einem Zustand in einen anderen kippen.

Der Amazonas-Regenwald ist ein System aus Wasserkreisläufen; seinen Regen generiert er größtenteils selbst. Am Boden angekommen, verdunstet der Regen als Wasserdampf. Einen Teil des Wassers nehmen die Bäume über ihre Wurzeln auf und geben es über ihre Blätter wieder ab. Es regnet erneut.

Doch die Erderwärmung verändert die Zirkulation der Windsysteme und reduziert die Niederschlagsmengen über dem Amazonasgebiet. Und durch die fortschreitende Abholzung der Wälder verdunstet weniger Feuchtigkeit in der Atmosphäre. Der Regenwald trocknet aus. Ist der Gigant Amazonas erst einmal hellwach, könnte er zur Savanne werden. Wissenschaftler*innen warnen, dass wir uns auf diesen Scheitelpunkt zubewegen, doch wo genau er verläuft, kann niemand mit Bestimmtheit sagen.

In Savannen herrscht ein trockenes Klima, mit wenig Baumbestand und mehr Grasflächen. Savannen sind anfälliger für Brände, binden deutlich weniger CO_2 als Regenwälder und bieten weniger Arten Lebensraum.

Noch einmal auf den Punkt gebracht: Der Klimawandel und andere menschengemachte Einflüsse erhöhen die Gefahr, das Erdsystem über eine Schwelle zu kippen, in dessen Folge die Konzentration von Treibhausgasen in der Atmosphäre noch weiter ansteigt, die Artenvielfalt noch weiter schwindet und unser Planet noch wärmer wird.

Ein anderer Gigant, den die Menschheit aus dem Schlaf gerüttelt hat, ist der Permafrost – dauerhaft gefrorene Böden, in denen große Mengen Treibhausgase lagern. Der Permafrost bedeckt ein Viertel der Landfläche der Nordhalbkugel, unter anderem in Nordschweden. Erwärmt sich die Erde, schmilzt das Eis des Permafrosts, der Boden taut und setzt Treibhausgase frei: CO_2, aber auch Methan, das sehr viel mehr Wärme absorbiert als CO_2. In den Böden der Permafrostgebiete ist doppelt so viel CO_2 enthalten wie in der gesamten Erdatmosphäre. Und die Böden tauen bereits, vielerorts sehr viel schneller, als es die Wissenschaft prognostiziert hat. Auf das Beispiel Permafrost bezogen würde ein hellwacher Gigant einen eklatanten Treibhausgasanstieg in der Atmosphäre bewirken – und damit einen weiteren globalen Temperaturanstieg. Einen Temperaturanstieg, der wiederum andere Giganten aus dem Schlaf weckt.

Die Temperatur, an der die Kipppunkte der einzelnen Erdsysteme überschritten werden, können die Wissenschaftler*innen nicht aufs Grad genau beziffern. Studien belegen jedoch, dass manche Elemente des Erdsystems bereits gekippt sind: die arktischen Eisfelder, die Gletscher der Westantarktis und das Grönlandeis.

Im Rückblick betrachtet haben sich die Prognosen der Klimaforscher*innen häufig als zu zurückhaltend erwiesen.

Auf Dauer droht der Klimawandel die menschliche Zivilisation zu gefährden. Große Teile des Planeten könnten unbewohnbar werden. Immer mehr Menschen könnten von Nahrungs- und Wasserknappheit betroffen sein.

SCHON 2019 haben klimabedingte Naturkatastrophen fast 24 Millionen Menschen dazu gezwungen, ihr Zuhause zu verlassen. Eine im Mai 2020 in der Fachzeitschrift *PNAS* veröffentlichte Studie prognostiziert, dass innerhalb der nächsten fünfzig Jahre voraussichtlich eine bis drei Milliarden Menschen in »im Prinzip unbewohnbaren« Gebieten leben werden. Die Vorhersagen, wie viele Menschen in den kommenden Jahrzehnten zur Klimaflucht gezwungen sein könnten, gehen auseinander. Der Umweltforscher Norman Myers von der Oxford-Universität sagte schon Anfang des 21. Jahrhunderts für das Jahr 2050 200 Millionen Klimaflüchtlinge voraus. Ein Bericht des Institute for Economics and Peace vom Herbst 2020 prognostiziert eine noch weitaus höhere Zahl: Bis 2050 könnten bis zu 1,2 Milliarden Menschen durch ökologische Bedrohungen dazu gezwungen sein, ihre Heimat zu verlassen.

Giganten der Erde regen sich – neun Systeme, die aus dem Gleichgewicht geraten

Biophysikalische Systeme der Erde steuern auf unumkehrbare Kipppunkte zu – sogenannte Tipping Points –, ab denen selbstverstärkende Prozesse der Natur die menschengemachte Erderwärmung weiter vorantreiben. Diese Veränderungen können sich u.a. auf die Höhe des Meeresspiegels, das Ökosystem und die Artenvielfalt auswirken. Einige Kipppunkte sind möglicherweise bereits überschritten.

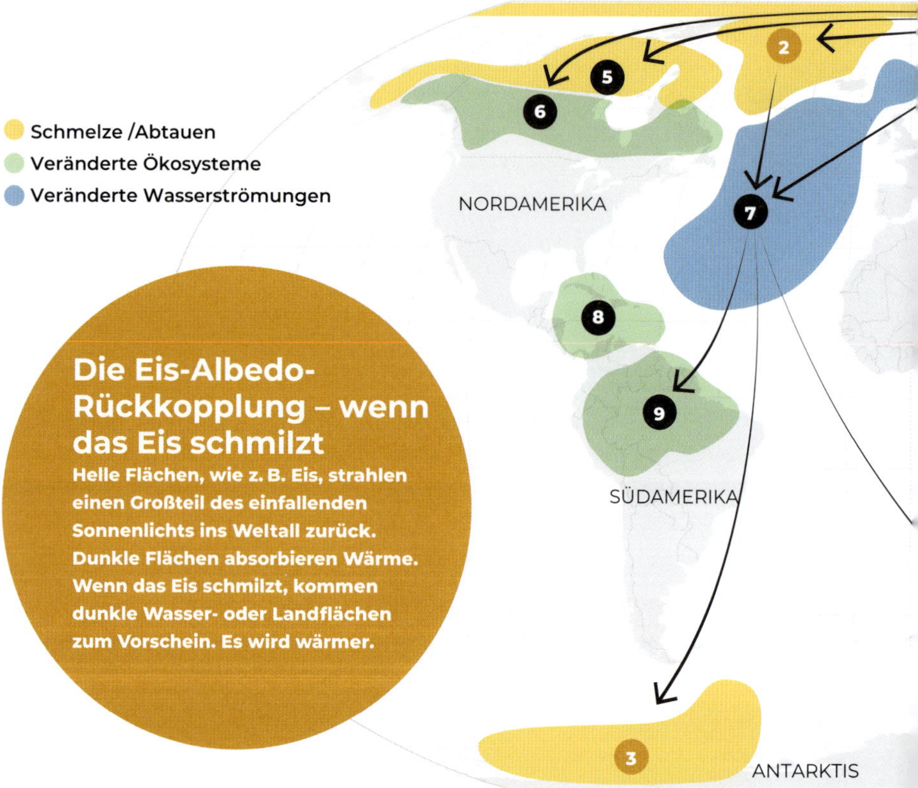

Die Eis-Albedo-Rückkopplung – wenn das Eis schmilzt

Helle Flächen, wie z. B. Eis, strahlen einen Großteil des einfallenden Sonnenlichts ins Weltall zurück. Dunkle Flächen absorbieren Wärme. Wenn das Eis schmilzt, kommen dunkle Wasser- oder Landflächen zum Vorschein. Es wird wärmer.

1 **Das Eis der Arktis schmilzt.**

2 **Der Grönland-Eisschild schmilzt.**

3 **Der Eisschild der West-Antarktis könnte vor dem Kollaps stehen.**

4 **Der Eisschild der Ost-Antarktis schmilzt.**

5 **Der Permafrost taut.** Treibhausgase werden freigesetzt und beschleunigen die Erderwärmung.

6 **Die borealen Wälder verändern sich.** Das könnte dazu führen, dass sie mehr CO_2 ausstoßen, als sie binden.

7 **Das Strömungssystem des Atlantiks verändert sich.** Der Wärme und Salz transport rende Golfstrom ist deutlich schwächer gewor was u.a. Hitzewellen bewirken kann, die wiede den Rückgang des Antarktiseises beschleunig

Quelle: »Nature – Climate tipping points – too risky to bet against«, Carbon Brief (https://www.carbonbrief.org/explainer-nine-tipping-points-that-could-be-triggered-by-climate-change).

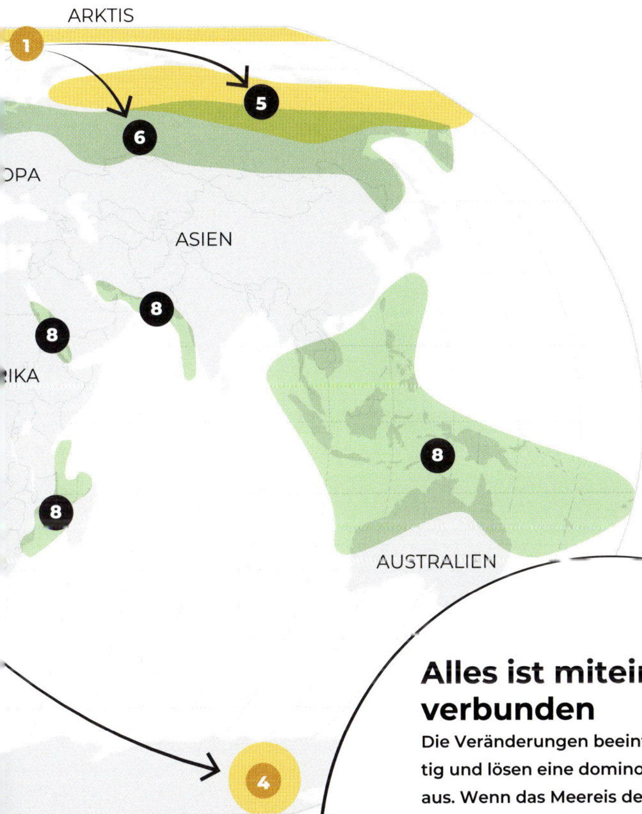

Korallenriffe sterben. ;orallenriffe bieten Lebensraum ;ir ein Viertel aller Meerestiere nd -pflanzen. Sterben sie ab, ind Artenvielfalt und Ökosysteme ı Gefahr.

Im Amazonas-Regenwald ıehmen Dürreperioden zu. Er droht zur avanne zu werden. Schwindet der Regen-vald, gehen wertvolle CO_2-Senken verloren.

Alles ist miteinander verbunden

Die Veränderungen beeinflussen sich gegenseitig und lösen eine dominoartige Kettenreaktion aus. Wenn das Meereis der Arktis schmilzt, wird es wärmer, durch den Temperaturanstieg taut der Permafrost. Der Eisrückgang in der Arktis verändert die Windsysteme, und die Windsysteme beeinflussen Regen- und Trockenzeiten. Langfristig führt die arktische Eisschmelze zu Dürren und Bränden in den borealen Wäldern, die u.a. in Nordschweden liegen. Brennen die Wälder, gelangen neue Treibhausgase in die Atmosphäre. Und es wird noch wärmer.

08

AUF SEE II

17. NOVEMBER 2019

SVANTE WAR NICHT PASSEND GEKLEIDET, um bei diesem Wetter an Deck zu gehen, aber die Gelegenheit war günstig. Er machte gerade den Abwasch, die anderen hatten sich in ihre Kabinen zurückgezogen. Niemand bekam mit, dass er an Deck ging. Er musste mit ihrer Skipperin Nikki reden, die den Katamaran *La Vagabonde* durch Starkregen und Wellengang steuerte. Und er musste mit ihr reden, bevor sie morgen die Bermuda-Inseln passierten. Es bestand noch immer die Möglichkeit, dort an Land zu gehen.

Die ehemals unerfahrenen Segler Greta und Svante waren wieder auf See, zum zweiten Mal binnen weniger als vier Monaten überquerten sie den Atlantik. Plötzlich war alles extrem schnell gegangen. Nach dem Freitagsprotest in Los Angeles waren sie mit dem Tesla in Richtung Ostküste aufgebrochen. Arnold Schwarzenegger hatte ihnen den Wagen ohne Umschweife weiter zur Verfügung gestellt. Innerhalb kurzester Zeit hatten sie die USA durchquert: Arizona, New Mexico, Texas, Louisiana, Mississippi, Alabama, Florida, Georgia. Hatten spontan entschieden, welche Route sie nehmen sollten. In welchem Hafen war die Wahrscheinlichkeit am größten, ein atlantiktaugliches Segelboot zu finden? An jeder Straßenkreuzung beratschlagten sie neu. Richtung Dallas oder Houston? Wäre es in Florida nicht doch aussichtsreicher? Nach Norden oder nach Jacksonville im Süden?

Die COP25 war inzwischen offiziell nach Madrid verlegt worden, und während sie durch die USA fuhren, diskutierten Svante und Greta, welche Möglichkeiten sie hatten, emissionsfrei nach Europa zu kommen. Vertreter verschiedener Containerschiff-Reedereien hatten sich bei ihnen gemeldet, ihre Hilfe angeboten und für die Überfahrt Klimakompensationen versprochen. Die Kommunikationschefin von Scandinavian Airlines hatte ihnen per

E-Mail den Vorschlag eines Spezialflugzeugs mit fünfzig Prozent Biokerosin im Tank unterbreitet. Norwegian Airlines hatte sie ebenfalls kontaktiert. Aber Greta hatte alle Angebote abgelehnt.

»Keiner der Vorschläge war für sie akzeptabel«, sagte Svante. »Ich wäre mit allem einverstanden gewesen. Im Winter über den Atlantik zu segeln kann schlimmstenfalls lebensgefährlich sein.«

An der Ostküste machten Greta und Svante Stopp in Savannah, Georgia, auf halber Strecke zwischen New York und Miami. Das idyllische Küstenstädtchen mit den südstaatentypischen von Flechten behangenen Eichen und den vielen hübschen Häusern aus dem 18. und 19. Jahrhundert war ein ruhiger Ort, um erst einmal abzuwarten. Sie führten lange Gespräche und machten Spaziergänge. Greta posierte auf der Bank, auf der Tom Hanks in seiner Rolle als Forest Gump im gleichnamigen Kultfilm seinen berühmten »Das-Leben-ist-wie-eine-Schachtel-Pralinen«-Monolog hält.

Alles sprach dafür, dass sie in den USA bleiben würden. Ein Atlantiktörn im November war nicht zu empfehlen. Die Tiefdruckgebiete machten das Wetter unvorhersehbar und konnten für starke Stürme sorgen. Greta und Svante begannen über Winterquartiere zu diskutieren. Mögliche Kandidaten waren Miami, Montreal und New York. Doch am Ende fiel ihre Wahl auf Washington, D.C. »Von den Städten, die wir bis dahin gesehen hatten, war Washington D.C. die Stadt, in der wir uns beide am wohlsten gefühlt hatten«, erzählte Svante.

Aber Greta hatte auf Twitter gepostet:

»... Es stellt sich heraus, dass ich um die halbe Welt gereist bin, in die falsche Richtung 😊 Ich muss jetzt einen Weg finden, im November den Atlantik zu überqueren. Wenn irgendjemand mir helfen könnte, ein Transportmittel zu finden, wäre ich unheimlich dankbar.«

Und sie bekam Antwort. »Greta, hier ist Riley von *Sailing La Vagabonde*. Wenn du dich bei mir meldest, bin ich sicher, dass wir eine Lösung finden«, twitterte Riley Whitelum, der gemeinsam mit seiner Freundin Elayna Carausu auf dem vierzehn Meter langen Katamaran *La Vagabonde* um die Welt segelte und die Internet-Gemeinde in selbst gedrehten YouTube-Videos, mit denen die beiden ihren Lebensunterhalt verdienten, am Bordleben teilhaben ließ. Immer mit dabei: ihr einjähriger Sohn Lenny.

Greta und Svante loggten sich in den YouTube-Kanal ein und sahen sich einige der Videos an. Danach kontaktierten sie Martin Hedberg, der versprach, die Wetterprognosen zu checken. Sie fragten gute Freunde, was sie von der Idee hielten. »Aber jeder hatte eine andere Meinung«, erzählte Svante. »Am Ende haben wir die Entscheidung ganz allein gefällt. Und als die Wetterprognosen positiv ausfielen, hatten wir das Gefühl, dass wir aufbrechen mussten. Dass dies die Chance war, die wir nutzen sollten.«

Als Svante jetzt an Deck kletterte, lag die Entscheidung noch keine zwei Wochen zurück. Zur Verstärkung der Crew war die sechsundzwanzigjährige britische Profi-Skipperin Nikki Henderson angereist. Trotz ihres jungen Alters war Nikki eine routinierte Seglerin. Ein Jahr zuvor hatte sie als jüngste Skipperin der Geschichte das Clipper Round The World Race beendet.

Eigentlich hatte dieser Törn gar nicht in ihren Zeitplan gepasst. Sie hatte eine anstrengende Jobphase hinter sich und war gerade umgezogen. Aber sie hatte der Aussicht, Greta zu treffen, nicht widerstehen können. »Meine Eltern arbeiten beide in der Krankenpflege«, erzählte Nikki, als ich sie kontaktierte. »Ich habe großen Respekt vor Menschen, die Gutes für die Gesellschaft tun. Ich konnte einfach nicht Nein sagen.«

Svante ging zu Nicki. Seit Tag eins von Gretas Schulstreik waren Malena und er als Eltern infrage gestellt worden. Besorgte Bürger*innen alarmierten das Jugendamt wegen des Verdachts auf Kindeswohlgefährdung, empörte Menschen kritisierten sie in den sozialen Medien. Eine Verschwörungstheorie folgte der anderen.

»Gretas Mutter stiehlt Greta die Jugend.«

»Greta ist eine Marionette ihrer Eltern, die sie schonungslos ausnutzen #svpol.«

»Hier sehen wir Svante, Gretas Vater und Manager der Klima-Königin. Er riecht den Riesenbatzen Kohle, den er mit ihr scheffelt.«

Jetzt machte Svante sich zum ersten Mal Sorgen, dass alles zu schnell gegangen war. Es gab eine Sturmwarnung, und der Katamaran war nicht für stürmische Atlantiktörns gebaut. Setzte er seine Tochter einer Gefahr aus?

»Ich musste mit Nikki über meine Bedenken reden«, erzählte er. »Entweder würde ich nach dem Gespräch beruhigt sein, oder Greta und ich würden auf den Bermuda-Inseln von Bord gehen.«

»Nikki«, fasste er sich ein Herz. »Was denkst du? Ist die Situation unter Kontrolle? Ich vertraue dir das Leben meiner Tochter an.«

In unserem Interview erzählte Nikki später, dass sie häufiger mit besorgten Eltern segelte. Einige hatten selbst dann Angst, wenn ihre Kinder nicht einmal mit an Bord waren. Sie sah Svante an, dass er ernsthaft besorgt war, und sagte: »Es ist in Ordnung. Ich habe die Lage im Griff.«

Der letzte Morgen auf dem Atlantik. Greta wartet gemeinsam mit der Crew den Sonnenaufgang ab, bevor sie die Segel für die letzte Etappe setzen.

Vor der portugiesischen Küste, 3. Dezember 2019

Während der Atlantiküberquerung vertraut Greta dem Segel-Knowhow der Profi-Skipperin Nikki Henderson.

Vor der portugiesischen Küste,
3. Dezember 2019

PRINCE ALBERT II
OF MONACO
FOUNDATION

Nach fast drei Wochen auf See sieht Greta zum ersten Mal wieder Land.

Lissabon, Portugal, 3. Dezember 2019

Gretas selbst gebasteltes Protestschild ist mittlerweile weltberühmt. Dies ist Schild Nummer zwei, das erste ist dem schwedischen Winterwetter zum Opfer gefallen.

Lissabon, Portugal,
5. Dezember 2019

FÖR
KLIMATET

Nach der Atlantiküberquerung motten Greta und ihr Vater Svante Gretas Segeloverall und ihre Segelausrüstung ein.

Lissabon, Portugal, 5. Dezember 2019

Nach den vielen Tagen auf See macht Greta auf schwankenden Beinen einen Spaziergang durch Lissabons Gassen.

Lissabon, Portugal, 5. Dezember 2019

Greta ruht sich vor ihrer Abreise zur UN-Klimakonferenz COP25 in Madrid aus und nutzt die Gelegenheit für eine kurze Erkundungstour durch Lissabon.

Lissabon, Portugal,
5. Dezember 2019

09

IM ZENTRUM DES GESCHEHENS

6. **DEZEMBER** 2019

DER MADRIDER ABEND WAR DUNKEL, die Calle de Valencia nur von einigen spärlichen Straßenlaternen beleuchtet. Aber ein gebündelter Lichtschein bewegte sich langsam den Bürgersteig entlang. Hunderte Menschen gingen in dichten Reihen nebeneinander. Sie machten kleine Schritte. Einige pressten sich vorwärts, indem sie sich an den am Straßenrand parkenden Autos abstießen, andere hielten ihre Handykameras in die Höhe. Richteten sie auf denselben Punkt, den die Fernsehkameras der versammelten Journalist*innen anvisierten. Die Menge wurde darauf zusammengedrückt, Menschen stolperten übereinander.

Greta war hier.

Statt einer Jacke trug die Hauptperson mehrere Pullover übereinander. Unter ihrem rechten Arm klemmte das berühmte Protestschild, gebastelt aus Sperrholzresten vom Baumarkt Bygg-Ole in Mölnvik. Handgemalte schwarze Lettern auf weißem Untergrund. *Skolstrejk för klimatet* – Schulstreik für das Klima. Zweimal hatte sie damit den Atlantik überquert.

Es war der erste Freitag der zweiwöchigen UN-Klimakonferenz COP25. Greta hatte erst seit Kurzem wieder europäischen Boden unter den Füßen. Nach drei Wochen auf phasenweise hoher und stürmischer See war sie vor wenigen Tagen in Lissabon an Land gegangen. Sie verspätete sich, den Konferenzauftakt hatte sie verpasst. Aber die politischen Leitwölfe waren noch nicht eingetroffen, die Verhandlungen begannen erst am Montag.

Die Menschenmenge, die sich an heruntergelassenen graffitibesprühten

Ladengittern vorbeidrängte, hatte ihr erstes Ziel, die Madrider Flaniermeile Paseo del Prado, erreicht. Hier sollte der Klimamarsch starten. Gemeinsam mit Greta würden sie zur Bühne am Nuevos Ministerios ziehen, wo sie eine Rede halten sollte.

Als Greta an diesem Freitagmorgen am Madrider Hauptbahnhof aus dem Nachtzug von Lissabon gestiegen war, war der Menschenauflauf noch größer gewesen.

Roger und ich stiegen ein paar Türen weiter hinten aus. Auf dieser Etappe versuchten wir, aufs Fliegen zu verzichten. Heerscharen von Journalist*innen und Fotograf*innen stürzten auf Greta zu, folgten ihr den Bahnsteig entlang die Rolltreppe hinunter zum wartenden Elektroauto. Reisende wurden aus dem Weg gestoßen und mussten hinter Werbeplakaten und Snackautomaten in Deckung gehen. Spanische Polizeibeamte drängten die Journalist*innen zurück, hielten Greta den Weg frei, damit sie weitergehen konnte.

Kurz darauf postete Greta auf Instagram: »Ich habe es heute Morgen geschafft, mich nach Madrid reinzuschleichen. Ich glaube nicht, dass mich jemand gesehen hat …«

Greta akzeptierte den Medienrummel um ihre Person, genoss ihn aber nicht. »Man muss darüber lachen können, sonst entwickelt man ein ungesundes Selbstbild«, sagt sie. »Diese Aufmerksamkeit wird schnell wieder verschwinden, dann weiß niemand mehr, wer ich bin. Wenn das Interesse der Menschen erlischt, kann es ziemlich aufreibend sein, sich selbst in einem anderen Licht gesehen zu haben.«

Greta blieb stehen. Mitdemonstrant*innen in ihrer unmittelbaren Nähe bildeten eine menschliche Kette, um die jugendliche Klimaaktivistin vor der andrängenden Masse abzuschirmen. Ein Glied in der Kette war Nikki Henderson, die Greta von Lissabon nach Madrid begleitet hatte. Hinter ihnen flutete ein Meer von Menschen die Straßen von Madrid, den Angaben der Organisatoren zufolge eine halbe Million.

Wenn Greta gekonnt hätte, hätte sie sich liebend gern unter die Menge gemischt, als eine von vielen, die an diesem Abend in Madrid für Klimaschutz demonstrierten. Ihr ist sehr daran gelegen, den Fokus von ihrer Person auf die Mitstreiter*innen in der Bewegung zu lenken. In Pressekonferenzen wiederholt sie immer wieder: »Stellen Sie doch bitte auch den anderen Fragen.«

Neben Greta steckte ein Mann den Kopf zwischen den Schultern zweier Demonstranten hindurch. »Erika oder ich – einer von uns fährt mit dir mit«, sagte er auf Schwedisch.

Der Mann hieß Jan, derzeit vom Dienst freigestellter Sicherheitschef des schwedischen Königshauses. In den vergangenen Wochen hatte er die Familie Ernman-Thunberg unterstützt: Er hatte in den USA ein zusätzliches Satellitentelefon für den Katamaran organisiert, die Ankunft in Lissabon vorbereitet und Gretas Madrid-Besuch im Vorfeld unter allen möglichen Sicherheitsvorkehrungen geplant.

Jetzt musste er Greta aus Sicherheitsgründen von hier wegbringen, es bestand die Gefahr, dass sie oder andere Demonstranten verletzt würden.

Jan und Erika waren zwei der Menschen, die Greta hin und wieder begleiteten. Erika war eine Jugendfreundin von Gretas Mutter. Malena war die Patentante von Erikas Zwillingen, und Erika half Greta beim Planen ihrer Reisen und Termine und beim Verfassen ihrer Reden vor politischen Gremien. Die Arbeit rund um Gretas Klimaengagement hatte inzwischen Dimensionen erlangt, die familienintern nicht mehr zu bewältigen waren. Doch der Druck von Gegnern und Verschwörungstheoretikern machte Fingerspitzengefühl erforderlich. Um dem Vorwurf, Greta sei eine fremdgesteuerte Marionette, keinen weiteren Nährboden zu bieten, durfte nicht der Eindruck entstehen, sie sei von einem großen Tross umgeben.

Außerdem wollte Greta nicht wie ein Staatsoberhaupt behandelt werden. Sie sah sich nicht als Anführerin der Massen, die sich nun anschickten, die Straßen von Madrid zu füllen und zu demonstrieren.

»Ich bin ein Teil einer sehr großen Bewegung«, sagt sie.

Greta blickte Jan an. Zwischen ihnen stand eine Frau mit Gesichtsbemalung. Eine blaue Welle schmückte ihre linke Wange. Auf ihrer Stirn stand ebenfalls in Blau: *Oceans are rising*. Auf ihrer rechten Wange: *And so are we* – Der Meeresspiegel steigt, und wir werden aktiv.

Greta wäre lieber weiter im Demonstrationszug mitgelaufen, aber ihr war klar, dass sie auf Jan hören und aus Sicherheitsgründen mit dem E-Auto zur Bühne am Nuevos Ministerios gebracht werden musste.

»Vielleicht … Kann ich noch etwas sagen, bevor ich ins Auto steige? Damit die Leute den Grund verstehen?«, fragte sie.

»Natürlich«, antwortete Jan. »Willst du dich an die Medien wenden?«

»Ja«, sagte Greta. »Oder nein … an alle.«

Ein wenig später auf der Bühne würde Greta sagen, dass die Hoffnung auf Veränderungen nicht bei den teilnehmenden Staats- und Regierungschefs der Weltklimakonferenz läge, sondern bei den Menschen. »Die Hoffnung liegt hier, bei euch. Die Veränderung wird kommen, wenn die Massen sie einfordern.«

Forschungsergebnisse stützen diese Sichtweise.

Die US-Politikwissenschaftlerinnen Erica Chenoweth und Maria Stephan haben in ihrem Buch *Why Civil Resistance Works: The Strategic Logic of Nonviolent Conflict* (dt.: Der Erfolg des gewaltfreien zivilen Widerstands) 323 Protestbewegungen zwischen 1900 und 2006 analysiert. Ihre Ergebnisse zeigen nicht nur, dass keine Bewegung, an der mindestens 3,5 Prozent der Bevölkerung beteiligt waren, mit ihren gesellschaftlichen Reformforderungen gescheitert ist, sondern auch, dass gewaltfreie Proteste doppelt so oft erfolgreich waren wie gewalttätige.

Chenoweth betont den entscheidenden Einfluss, den friedliche Protestbewegungen auf die Entwicklung der Welt ausüben und im Laufe der Geschichte ausgeübt haben. Der schulische Geschichtsunterricht lege ihrer Ansicht nach ein viel zu starkes Augenmerk auf gewalttätige Konflikte. Gegenüber der BBC sagte sie 2019 in einem Interview: »Ganz normale Menschen engagieren sich tagtäglich in heldenhaften Aktionen, die die Welt verändern.«

Als das Elektroauto langsam näher rollte, teilte sich die Menge. Die Menschenkette um Greta löste sich auf. »Lasst ihr ein bisschen Platz!«, rief Jan. Irgendwer ergänzte auf Spanisch: »Espacio, Greta va a hablar.« Greta möchte etwas sagen.

»Hi everyone«, begann Greta. Sie hatte kein Mikrofon, sprach, so laut sie konnte. Aber ihre Stimme ging im Lärm der Menge unter. Jemand hielt einen Finger vor den Mund, forderte die Leute auf, still zu sein.

»Hi everyone«, setzte Greta erneut an. »So …«

Die Leute begannen spontan zu klatschen. Ein Mann skandierte: »Gretaaaaaaaa!«

Die unfreiwillige Anführerin des Klimamarschs blieb in ihren zerschlissenen blauen Turnschuhen still auf der abgesperrten Straße stehen und wartete darauf, dass das Stimmengewirr um sie herum verebbte. In einem späteren Interview sollte sie ihrer Auffassung von der Demokratie als wahrem Hoffnungsträger für Wandel Nachdruck verleihen:

»Ich bin davon überzeugt, dass die Veränderungen durch Wahlen bewirkt werden, weil die Menschen verstanden haben – und die Nase voll haben«, sagt sie. »Die Entwicklung der kommenden Monate und Jahre entscheidet darüber, ob wir die erforderlichen Veränderungen unter demokratischen Bedingungen durchführen können. Deshalb müssen wir jetzt handeln, damit das Ganze nicht aus dem Ruder läuft.«

Aber Gretas spontane Ansprache auf der Straße in Madrid handelte nicht davon, die Welt zu verändern. Sie wollte ihren Mitdemonstrant*innen etwas erklären.

»Wenn ich kurz ein paar Worte sagen darf: Die Polizei sagt, dass ich meine Teilnahme am Protestmarsch aus Sicherheitsgründen abbrechen muss. Ich kann mich nicht frei bewegen, und das Gedränge ist so groß, dass Menschen verletzt werden …«

Greta drehte sich beim Sprechen, als wollte sie niemandem dem Rücken zukehren.

»Es tut mir sehr leid, falls jemand verletzt wurde. Ich habe mich darauf gefreut, an dem Protestmarsch hier in Madrid teilzunehmen, aber es ist eine Frage der Sicherheit. Hier sind zu viele Journalisten, und zu viele Leute wollen mit uns sprechen. Sodass … ja … Das Elektroauto ist gekommen, um mich zur Bühne zu bringen, ich habe keine andere Wahl. Es tut mir leid, aber …«

Eine Frau rief: »Okay, see you later.«

Ein Mann: »Bye, thank you!«

Das Elektroauto hielt neben Greta an. Nikki saß schon auf der Rückbank. Greta öffnete die Tür auf der anderen Seite und warf einen Blick ins Wageninnere. Sie würden wohl zu dritt auf der Rückbank sitzen müssen.

»Ich bin klein«, sagte sie. »Ich passe in die Mitte.«

Bei ihrer Ankunft in Madrid drängen sich Journalist*innen und Fotograf*innen auf dem Bahnsteig. Alle wollen ein Statement und ein Foto von Greta, wie sie aus dem Zug steigt. Ein Tumult bricht aus, bei dem andere Reisende Schutz hinter Pfeilern suchen müssen, um im Gedränge nicht zerquetscht zu werden.

Madrid, Spanien, 6. Dezember 2019

POLICIA
CNP

Personenschützer schirmen das Elektroauto ab, in dem Greta transportiert wird, nachdem sie ihre Teilnahme am Protestmarsch aus Sicherheitsgründen abbrechen musste. Der Andrang war zu groß.

Madrid, Spanien, 6. Dezember 2019

Vielen Menschen spricht Gretas Rede im Vorfeld der UN-Klimakonferenz in Madrid aus dem Herzen. »Die Hoffnung liegt nicht bei der COP25, die Hoffnung liegt bei euch«, sagt sie zu den draußen versammelten Demonstrant*innen.

Madrid, Spanien, 6. Dezember 2019

Bei ihrer Ankunft bei der Klimakonferenz COP25 werden Greta und andere Mitglieder der Fridays-for-Future-Bewegung von einem UN-Sicherheitsbeamten eskortiert.

Madrid, Spanien, 6. Dezember 2019

Kurz vor ihrer Rede feilt Greta im Green Room der UN-Klimakonferenz ein letztes Mal am Wortlaut. Gegenüber von ihr bereitet sich auch der costa-ricanische Umweltminister Carlos Manuel Rodriguez vor.

Madrid, Spanien, 11. Dezember 2019

Mit einer Kiste als Podest redet Greta den Staats- und Regierungschefs auf der UN-Klimakonferenz COP25 ins Gewissen.

Madrid, Spanien, 11. Dezember 2019

In einer Raststätte erfährt Greta, dass sie vom US-*Time Magazine* zur »Person des Jahres« ernannt wurde. Gemeinsam mit der deutschen Klimaaktivistin Luisa Neubauer schaut sie nach, ob das stimmt.

Saragossa, Spanien, 11. Dezember 2019

10

HEIMWEG

15. DEZEMBER 2019

SIE KAMEN NÄHER. Umgeben vom vertrauten, beruhigend grauen Design des X2000 saßen Greta und Svante sich an einem Vierertisch gegenüber. Der Zug schien auf den letzten Metern mit dänischem Boden unter den Schienen noch zu beschleunigen, als er auf die Öresundbrücke fuhr und auf die schwedische Seite zuhielt. Vater und Tochter schwiegen, die Stimmung war gedämpft. Svante war in sein Handydisplay vertieft.

»Die sozialen Netzwerke brodeln«, sagte er. »Die Leute sind wütend über deinen Post von gestern.«

Greta hatte die spanische Hauptstadt und die COP25 direkt nach ihrer Rede verlassen. Da in Frankreich ein flächendeckender Bahnstreik stattfand, hatten sie die erste Etappe mit dem E-Auto zurückgelegt. Als sie den Wagen an einer Raststätte vor Saragossa aufluden, hatte Greta erfahren, dass sie vom US-*Time Magazine* zur »Person des Jahres« gekürt worden war.

»Weil sie Alarm geschlagen und uns die Augen geöffnet hat für den raubtierartigen Umgang der Menschheit mit der einzigen Heimstatt, die wir haben, weil sie einer gespaltenen Welt eine Stimme verliehen hat, die Herkunft und Grenzen überbrückt, weil sie uns allen vor Augen geführt hat, wie es aussehen kann, wenn eine neue Generation den Weg aufzeigt.«

Sie bestellten ihr Mittagessen. Greta aß Bohnen in brauner Soße, einzeln, eine Bohne nach der anderen. Wenn jemand an ihren Tisch kam und ihr gratulierte, blickte sie von ihrem Teller auf, sagte »Danke« und spießte die nächste Bohne auf die Gabel.

Während des sich dem Ende zuneigenden Jahres waren Greta und Fridays for Future mit Preisen überhäuft worden. Man hatte sie mit dem Freiheitspreis der Region Normandie ausgezeichnet, dem Ambassador of

Conscience Award von Amnesty International, dem Internationalen Kinder-Friedenspreis, dem Right Livelihood Award, dem Schlüssel zur Stadt Montreal, der schottischen Geddes-Umweltmedaille, dem norwegischen Preis für freie Meinungsäußerung und dem schwedischen Preis für junge Umweltheld*innen. Preisgelder flossen in eine von Greta neu gegründete Stiftung und wurden wohltätigen Zwecken gespendet.

Ende Oktober hatten Greta und Fridays for Future den mit 47 000 Euro dotierten Natur- und Umweltpreis des Nordischen Rates abgelehnt. Als Begründung gaben sie an, die Klimabewegung brauche keine weiteren Preise, sondern Politiker*innen, die auf die Erkenntnisse der Wissenschaft hörten.

Greta und Svante blickten aus dem Zugfenster. Als sie das letzte Mal durch Småland gefahren waren, war es Hochsommer, jetzt war Winter, und es regnete. Während ihr Ziel näher rückte, befand sich die Madrider Klimakonferenz in der Verlängerung. Die Veranstalter hatten den Austragungsort in Rekordzeit von einer Seite des Atlantiks auf die andere verlegt, bei der Aushandlung politischer Ergebnisse aber waren sie weit weniger erfolgreich. Die Staats- und Regierungschefs bekrittelten Details, präsentierten vage und schwammige Konzepte. Die Großmächte am Tisch – Australien, Brasilien und die USA – blockierten.

Die anwesenden Wissenschaftler*innen taten alles, um ihre Erkenntnisse zu vermitteln. Johan Rockström, Professor für Erdsystemforschung und Direktor des Potsdam-Instituts für Klimafolgenforschung (PIK), redete den anwesenden Staatenlenkern ins Gewissen. Der Planet Erde sei instabiler, als die Wissenschaft bislang angenommen habe, sagte er. Immer mehr Regionen der Erde steuerten auf irreversible Kipppunkte zu, ab denen selbstverstärkende Prozesse der Natur die vom Menschen verursachte Erwärmung weiter ankurbelten.

»Wenn wir mit unseren Treibhausgasemissionen das Klimasystem der Erde kippen, beispielsweise den Grönland-Eisschild, die Antarktis oder den Amazonas-Regenwald, dann könnten wir die Kontrolle verlieren«, warnte er. »Wenn unsere Treibhausgasemissionen auf dem heutigen Level bleiben, befinden wir uns auf einem Kurs, der die Erde innerhalb der nächsten achtzig Jahre um drei bis vier Grad erhitzen wird. Unserem gegenwärtigen Forschungsstand nach wird auf einem um vier Grad wärmeren Planeten menschliches Leben, so wie wir es kennen, nicht mehr möglich sein.«

Die roten Sitze im Bordbistro des X2000 knarrten, als Greta und Svante sich setzten. Zwei vegane Mahlzeiten waren für sie in der Mikrowelle aufgewärmt worden, dazu packten sie ihre mitgebrachten Wasserflaschen aus. Draußen begleitete Nieselregen die Fahrt des Zuges durch die vorbeiziehende Landschaft. Nicht mehr lange, und die smäländischen Wälder würden durch die Östgöta-Ebene abgelöst. Auf Twitter und Instagram kochten unverändert die Gemüter. Der Sturm in den sozialen Medien war heftiger als üblich.

Greta hatte am Vortag ein Foto von ihrer Zugfahrt durch Deutschland gepostet, auf dem sie aus dem Fenster blickt – den Rücken an eine Reisetasche gelehnt, in Jogginghose auf dem Fußboden sitzend. »Reisen in überfüllten Zügen. Und ich bin endlich auf dem Heimweg!«, hatte sie dazu geschrieben.

Roger und ich waren im selben Zug gefahren, wie Greta auf dem Fußboden sitzend. Es hatte keine freien Sitzplätze gegeben.

Unter dem Tweet hagelte es jetzt Kommentare, dass Greta das Selfie gepostet habe, um Sympathien zu schinden. Die Deutsche Bahn twitterte, Greta habe eine Fahrt in der ersten Klasse gebucht. Der »Streit« zwischen der schwedischen Klimaaktivistin und der Deutschen Bahn beherrschte tagelang die deutschen Schlagzeilen und ging um die Welt. Internationale Presseagenturen meldeten sich bei mir, man bat mich, in einer japanischen Talkshow aufzutreten.

GRETA HAT IN DEN SOZIALEN MEDIEN MILLIONEN FOLLOWER. Auf Instagram sind es fast neun Millionen, auf Twitter rund 3,5 Millionen. Die sozialen Medien haben das Anwachsen von Fridays for Future einerseits begünstigt, andererseits bieten sie ein Forum für Hass und Hetze. Und Lügen.

Im November 2016, im selben Monat, in dem Donald Trump zum Präsidenten der Vereinigten Staaten gewählt wurde, haben die *Oxford Dictionaries* den Begriff »post-truth« (postfaktisch) zum internationalen Wort des Jahres gewählt. Das Adjektiv beschreibe aus ihrer Sicht »Umstände, in denen die öffentliche Meinung weniger durch objektive Tatsachen als durch Emotionen und persönliche Überzeugungen beeinflusst werde«.

Innerhalb kurzer Zeit war Greta zu einer Zielscheibe der postfaktischen Gesellschaft geworden. Unzählige Verschwörungstheorien umranken sie, eine absurder als die andere. Greta würde von US-Milliardär George Soros instrumentalisiert. Greta habe Verbindungen zum Terrornetzwerk IS. Greta sei eine russische Spionin. Greta habe chinesische und japanische Politiker aufgefordert, künftig auf Essstäbchen zu verzichten.

In einer Welt, in der Lügen immer größeren Raum einnehmen, ist Gretas Appell, die Erkenntnisse der besten verfügbaren Wissenschaft ernst zu nehmen, polarisierend.

»Ich glaube, man sieht Verschwörungstheorien in einem anderen Licht, sobald man selbst davon betroffen ist«, sagte Svante. »In Gretas Fall kommt fast täglich eine neue hinzu. Am Anfang lacht man darüber. Aber dann realisiert man, dass viele Leute diesen Unsinn glauben. Selbst Menschen aus dem eigenen Verwandten-, Bekannten- und Freundeskreis. Ich denke, die meisten von uns sind ziemlich naiv, was die Einschätzung der Wirkmacht von Verschwörungstheorien und bewusst verbreiteten Unwahrheiten angeht.«

Greta hatte ein Jahr Auszeit von der Schule genommen und war zweimal über den Atlantik gesegelt, um den Fokus der Politiker*innen in Sachen Klimakrise auf die beste verfügbare Wissenschaft zu richten – die unmissverständlich die rote Flagge hisste. Doch die Staats- und Regierungschefs der Welt hatten in Madrid darauf mit gescheiterten Verhandlungen reagiert – anscheinend fernab jeglichen Krisenbewusstseins. Und die Weltpresse berichtete über Gretas Zugfahrt.

Der Heimweg war eine Erinnerung daran, dass die Wahrheit auf einer Ebene mit den »alternativen Fakten« und Fake News rangiert, die in PR-Kampagnen, politischen Punchlines und in den sozialen Medien verbreitet werden.

STOCKHOLM KAM IN SICHT. Diesen Moment hatten Greta und Svante herbeigesehnt. Sie hatten darüber geredet, ihn sich ausgemalt. Hatten sich vorgestellt, wie ihr Herz vor Freude einen Sprung machen würde, wenn sie die pastellfarbenen Bahnsteige der Södra Station sähen und nach der Fahrt durch den Tunnel hoch zur Centralbron, am Riddarfjärden entlang, am Parlament und an den erleuchteten Fenstern des Stadthauses vorbei, endlich am Ziel waren. Zu Hause.

Am Stockholmer Hauptbahnhof warteten keine Fernsehteams, keine Fans mit Gesichtsbemalung. Das gute Dutzend Polizist*innen, das gekommen war, um für ihre Sicherheit zu sorgen, stand nur im Weg.

Die bald siebzehnjährige Klimaaktivistin trug ihr Protestschild durch dezemberdunkle Straßen. Svante ging neben ihr. Gleich waren sie zu Hause. Bei Gretas Mutter, ihrer Schwester und den beiden Hunden Roxy und Moses.

Greta sah ihren Vater an. »Genau so habe ich es mir vorgestellt, nach Hause zu kommen«, sagte sie. »Aber ich hatte geglaubt, froh zu sein.«

»Wir brauchen Politiker, die auf die Erkenntnisse der Wissenschaft hören.«

Auf dem Heimweg streikt Greta in Turin. Sie wird von der Bürgermeisterin empfangen und besichtigt die berühmtesten Sehenswürdigkeiten der Stadt.

Turin, Italien, 13. Dezember 2019

CINERIBVS
EMMANVELIS
RESTITVTORIS IMPERII
IN TEMPLO QVOD IPSE
CONSTRVI
ET QVO CORPVS SVVM
IVSSIT
CAROLVS

»Sollen wir abbrechen?« Nach fast fünf Monaten auf Reisen ist Greta am Ende ihrer Kräfte. Greta und ihr Vater Svante halten vor den Klimastreiks in Turin Rücksprache.

Turin, Italien, 13. Dezember 2019

16
72
Warriors

Freiwillige halten dagegen, als Journalist*innen und Fotograf*innen sich gegen die Absperrgitter drängen. Greta und italienische Mitglieder der Fridays-for-Future-Bewegung geben eine Pressekonferenz.

Turin, Italien, 13. Dezember 2019

NO AMOUNT
of MONEY EVER
BOUGHT a SECOND
of TIME
VAL SUSA

Umgeben von den historischen Gebäuden der Piazza Castello in Turin sagt Greta: »Was wir in diesem Jahrzehnt tun und was nicht, wird den Rest unseres Lebens bestimmen.«

Turin, Italien, 13. Dezember 2019

Bei ihren italienischen Anhängern
besitzt Greta Popstar-Status.

Turin, Italien, 13. Dezember 2019

PIAZZETTA
ACCADEMIA
MILITARE

Die Heimreise nach Schweden gestaltet sich problematisch. Als Greta twittert, dass sie in einem überfüllten deutschen Zug auf dem Fußboden sitzt, reagiert die Deutsche Bahn mit einem Tweet. »Der Twitter-Streit hat unsere Heimreise kaputt gemacht«, sagt Greta.

Deutschland, 14. Dezember 2019

DB
en
ießen.
ue
stronomie.
Mehr Infos unter
bahn.de/bordgastronomie
Einsteigen
und entspannen.
Mit dem
Komfort Check-

DSB
God rejse
God dag

Nach 134 Tagen auf Reisen, inklusive zwei Atlantiküberquerungen und Klimakonferenzen in New York und Madrid, ist Greta auf dem Weg nach Stockholm, um Weihnachten zu Hause in Schweden zu feiern.

Dänemark, 14. Dezember 2019

Als der Zug die schwedische Grenze passiert, blättert sie in ihrem Tagebuch und lässt die Erlebnisse der Reise noch einmal Revue passieren.

Schweden, 15. Dezember 2019

Greta sieht sich Fotos aus den USA an.

Schweden, 15. Dezember 2019

Greta und ihr Vater Svante werden während des Zugaufenthalts am Flughafen Kastrup von einsteigenden Passagieren erkannt.

Kastrup, Dänemark, 15. Dezember 2019

Am Stockholmer Hauptbahnhof bleibt der Medienrummel aus. Unbehelligt von Journalist*innen oder Fotograf*innen gehen Greta und ihr Vater Svante zu Fuß nach Hause.

Stockholm, 15. Dezember 2019

Entspannung zu Hause in Stockholm. Puzzeln gehört zu Gretas Lieblingsbeschäftigungen.

Stockholm, 31. Dezember 2019

Silvester 2019. Greta und Golden Retriever Moses unternehmen einen langen Spaziergang.

Stockholm, 31. Dezember 2019

11

EINE KRISE, DIE WIE EINE KRISE BEHANDELT WIRD

1. **APRIL** 2020

ALS DAS GERÜCHT ZU KURSIEREN BEGANN, die in Glasgow geplante UN-Klimakonferenz COP26 würde aufgrund der Coronapandemie verschoben, saß Greta in Stockholm auf dem Balkon und spielte Schach. Zögernd schob sie einen Bauern von einem weißen auf ein schwarzes Feld, dann sah sie ihren Vater an.

»Du bist dran.«

Seit ihrer Rückkehr aus Nordamerika waren Greta und Svante mehrmals unterwegs gewesen, vor drei Wochen waren sie von ihrer letzten Bahnreise quer durch Europa zurückgekehrt. Greta hatte in Hamburg gestreikt, in Brüssel vor dem EU-Parlament gesprochen, Sir David Attenborough in London getroffen und Malala Yousafzai in Oxford besucht. Doch als die Streiks in Paris und Grenoble anstanden, sagte sie ihre Teilnahme ab. Die lokalen Fridays-for-Future-Gruppen beharrten darauf, die anberaumten Klimastreiks wie geplant durchzuführen. Aber Greta wollte nicht.

»Aus familiären Gründen kann ich diesen Freitag und Samstag nicht an den Klimamärschen in Grenoble und Paris teilnehmen. Ich hoffe, so schnell wie möglich wieder nach Frankreich kommen zu können«, twitterte sie.

Eine Notlüge, um niemanden zu enttäuschen.

»Ich habe lange darüber nachgedacht, wie ich mich verhalten soll. Bis zum offiziellen Behördenverbot weiterstreiken oder eigenverantwortlich handeln? In einer Krise passt man sich an und stellt alles andere zurück. Also habe ich beschlossen, die Reise abzubrechen«, sagt sie.

Drei Tage nach der Rückkehr setzten die ersten Symptome ein.

Jetzt saß Svante in Jacke, Schal und Wollmütze und mit zur Sonne gewandtem Gesicht draußen auf dem Balkon. Gretas leichte Erkältungserscheinungen waren schon lange abgeklungen, ihr Vater hingegen verließ heute zum ersten Mal das Bett. Er hustete noch, aber Fieber und Schüttelfrost waren weg. Svante machte seinen Zug und nickte Greta zu.

Auf dem Balkon war es ruhig, doch Fridays for Future ruhte nicht. In den letzten anderthalb Jahren hatten die jugendlichen Klimaaktivist*innen durch ihr Engagement Millionen Menschen auf der ganzen Welt für das Vorhandensein und die Dringlichkeit der Klimakrise sensibilisiert und bewirkt, dass Politiker*innen die Klimafrage auf die politische Agenda setzten. Doch jetzt hatte die Coronapandemie der Bewegung ihr wichtigstes Forum entzogen: Protestmärsche auf der Straße waren nicht mehr möglich. Sie bemühten sich, aktiv zu bleiben. Veranstalteten Online-Konferenzen, Webinare und Vorträge. Aber niemand wollte in dieser Situation über das Klima reden. Eine andere globale Krise war in den Vordergrund gerückt.

Auf Gretas Handybildschirm liefen die Chatgruppen heiß. Die Aktivist*innen teilten Links und Sorgen miteinander.

»Shit, die Politiker beraten darüber, die COP zu verschieben. Wie reagieren wir darauf?«, schrieb jemand.

Seit Tag eins ihres Streiks wiederholt Greta unermüdlich denselben Appell: Um die Katastrophe noch abwenden zu können, müssen wir die Klimakrise wie eine Krise behandeln.

Als die Coronakrise sich immer weiter zuspitzte, ergriffen die Staats- und Regierungschefs der Welt massive Maßnahmen. Sie verhängten Lock- und Shutdowns, schnürten milliardenschwere Krisenpakete. Die Weltgesundheitsorganisation WHO veranstaltete täglich Pressekonferenzen, die schwedische Gesundheitsbehörde Folkhälsomyndigheten ebenfalls.

Und die Medien waren zur Stelle. Berichteten, prüften, klärten auf. Tagesaktuell informierten sie die Bevölkerung, wie viele Menschen an Covid-19 erkrankt waren, wie viele davon intensivmedizinisch betreut wurden – und wie viele am Virus gestorben waren. Die Wirtschaftsnachrichten verwiesen auf die Auswirkung der Coronapandemie auf die globalen Märkte und auf die Herausforderungen, vor denen die Unternehmen standen. Die Lokalnachrichten schilderten die Lage in den örtlichen Krankenhäusern. Sport, Kultur, Unterhaltung – das Virus beherrschte sämtliche Schlagzeilen.

2020 hätte das Super-Klimajahr werden können, das Jahr, in dem der Aufschwung, den Fridays for Future bewirkt hatte, die Zukunft der Menschheit hätte verändern können.

Stattdessen wurde es das Coronavirus-Jahr. Rund um den Globus wurden zur Lagerung der Verstorbenen Kühlcontainer vor den Krankenhäusern aufgestellt.

Klimawandel und Coronapandemie sind gleichermaßen Teil einer großen Nachhaltigkeitskrise, die im Verhältnis von Mensch und Natur begründet ist. Die Gefahr, dass Krankheitserreger vom Tier auf den Menschen überspringen, steigt, je geringer die Distanz zwischen ihnen und uns wird. Und wir Menschen beanspruchen immer mehr Platz auf diesem Planeten: Wir intensivieren die Agrarwirtschaft, wir bauen unsere Städte aus, wir konsumieren und verbrauchen nicht nachhaltig. Wir betreiben Massentierzucht, und unsere Reisegewohnheiten begünstigen die Entstehung und Verbreitung von Infektionskrankheiten.

In seinem »Pandemics Report« vom Dezember 2020 benennt der Weltbiodiversitätsrat (IPBES) die Menschheit als Alleinschuldigen an sämtlichen Pandemien der modernen Zeit. »Dieselben menschlichen Aktivitäten, die den Klimawandel und den Schwund der Artenvielfalt vorantreiben, treiben auch das Pandemie-Risiko an«, kommentierte Peter Daszak, einer der federführenden Autoren des Berichts, und fuhr fort:

»Dass der Mensch in der Lage ist, unsere natürliche Umwelt so grundlegend zu verändern, muss aber nicht nur negativ sein. Es liefert auch den Beweis für unsere Fähigkeit, den Wandel durchzusetzen, der zur Verringerung künftiger Pandemie-Risiken erforderlich ist – was zugleich dem Naturschutz und der Linderung des Klimawandels zugutekommt.«

Greta und Svante hatten sich in einer ihnen zur Verfügung gestellten Wohnung selbst isoliert. Malena und Beata waren zu Hause, außer Reichweite des Ansteckungsrisikos. Vater und Tochter sahen viel fern, auf dem Küchentisch lag ein angefangenes 1500-Teile-Puzzle.

Das Leben in Quarantäne war von vielerlei Einschränkungen geprägt. Von Verzicht.

Die Menschen blieben zu Hause, verzichteten auf Restaurantbesuche,

Shoppingtouren und Reisen. Diese Veränderungen halfen, die Ausbreitung des Virus einzudämmen. Und zugleich bewirkte die Antwort der Welt auf die Coronakrise einen Rückgang der globalen CO_2-Emissionen.

Waren dies die Maßnahmen, die es zu ergreifen galt, um auch der Klimakrise ein Ende zu setzen?

»Es gibt nichts Positives an der Coronapandemie«, betont Greta. »Sie ist eine Tragödie, nichts anderes. Und der Rückgang der Emissionen ist ein kurzfristiger Nebeneffekt. Noch lässt sich nicht sagen, welche konkreten Maßnahmen die Welt zur Bekämpfung der Klimakrise ergreifen muss. Das geht erst, wenn wir die Klimakrise wie eine Krise behandeln.«

Gleichzeitig bildet Verzicht den Kern ihres Aktivismus. Sie verzichtet aufs Fliegen, sie verzichtet auf Fleisch und Milchprodukte. Sie geht nicht zur Schule, um zu streiken. Und sie streikt, indem sie still dasitzt. Als physische Manifestation, dass die »Lösung« der Klimakrise nicht in der Steigerung menschlicher Aktivitäten liegt, sondern in deren Reduzierung. Dass technologische Innovationen zwar erforderlich sind, die Basis des Erfolgs jedoch Vermeidung ist.

Greta hatte diese Methode früh erprobt, lange bevor die Streikbewegung das Licht der Welt erblickte. Auf einem Schulausflug ins Naturhistorische Museum in der siebten Klasse verschwand sie. Ihre Lehrerin Anita, die Greta nach ihrem Schulwechsel an die neue Schule gefolgt war, führte bei dem Ausflug die Aufsicht und konnte Greta plötzlich nirgends finden.

Die Ausstellung, die sie sich ansahen, handelte vom Klima, doch der Umgang mit dem Thema ärgerte Greta. »Lasst das Auto stehen, setzt auf erneuerbare Energien, fahrt Rad oder nutzt die öffentlichen Verkehrsmittel«, lauteten einige Lösungen, die angesichts nahezu übermächtiger Herausforderungen präsentiert wurden. Ihrer Ansicht nach vermittelte das Museum in keiner Weise die Brisanz der Krise, in der die Menschheit bereits mittendrin steckte. Wenn nicht einmal die Wissenschaftler*innen des Naturhistorischen Museums die Realität zeigten, wie sie war, wer sollte es dann tun?

Die holistische Perspektive – die Klimafrage nicht als viele kleine Krisenherde, sondern als allumfassende Krise zu behandeln – war Gretas zentraler Punkt. Aber nicht das Fehlen dieser grundlegenden Voraussetzung machte sie so wütend, dass sie die Ausstellung verließ. Als sie feststellte, dass die interaktive Station »Drück den Like-Button für das Klima« falsch berechnete, wie viel CO_2 bei der Herstellung von einem Kilogramm Schweinehackfleisch emittiert wird, hatte sie genug.

Anita fand Greta, ihre lila Daunenjacke als Sitzunterlage nutzend, auf dem Marmorfußboden des feudalen Museumsfoyers vor – im stummen Protest.

Diesmal zeigte er keine Wirkung.

AUF DEM BALKON WAR WIEDER SVANTE AM ZUG, während Gretas Telefon unablässig summte.

»Hat irgendwer was Neues gehört?«

»Was passiert, wenn die COP abgesagt wird?«

»Das wäre das Ende.«

Als Greta in den ersten Monaten der Coronakrise versuchte, deren Konsequenzen zu überblicken, sah sie etwas völlig anderes als »das Ende«. Sie sah eine Tragödie und großes Leid – aber auch Entscheidungsträger*innen, die eine Krise wie eine Krise behandelten. »Die COP26 in einer Pandemie zu verschieben, ist die logische und richtige Entscheidung. Überall auf der Welt wiederholen Politiker*innen jetzt immer wieder, dass sie alles tun werden, was getan werden muss, weil die Rettung von Menschenleben keinen Preis hat. Allein indem sie diese Worte aussprechen, eröffnen sie einen völlig neuen Handlungsspielraum. In Zukunft werde ich erklären, dass dasselbe für die Klimakrise gilt. Und das werde ich immer und immer aufs Neue wiederholen.«

Als die endgültige Entscheidung fiel, war die Schachpartie auf dem Balkon längst beendet. Die Klimakonferenz wurde verschoben. Vielleicht würde 2021 das neue 2020 werden. Vielleicht nicht.

Obwohl die Coronapandemie derzeit weitere Fridays-for-Future-Kundgebungen verhindert, ist Greta unverändert eine der weltweit einflussreichsten Stimmen in Sachen Klimakrise. Sie gibt Presse-Interviews und diskutiert per Videokonferenz mit Wissenschaftlern und Politikern.

Stockholm, 11. November 2020

12

IST ES VORBEI?

22. SEPTEMBER 2020

ES WAR DIENSTAGNACHMITTAG, kurz vor vier, und ich wartete auf Greta, die mit dem Fahrrad kam. Als sie die Brücke zwischen Södermalm und Kungsholmen hinunterradelte, stießen ihre Knie bei jedem Pedaltritt an den Lenker, das Fahrrad war eigentlich zu klein. Auf Gretas Rücken hüpfte ihr grün karierter Schulrucksack. Das Sabbatjahr war vorbei, und Greta war zu etwas zurückgekehrt, das Alltag ähnelte. Heute hatte sie einen Französischtest geschrieben über unregelmäßige Verben im Passé composé.

Die Pandemie grassierte weiter, und Greta blieb in Stockholm, bewegte sich zwischen Schule und Zuhause. Ein ungewohnter Zustand, nachdem sie in den letzten zwei Jahren so viel gereist war: per Zug und Elektroauto zum EU-Parlament, zum italienischen Senat, zum britischen Unterhaus und zur französischen Nationalversammlung. Per Rennsegelyacht zum UN-Klimagipfel in New York und per Katamaran zur UN-Klimakonferenz in Madrid. Und überall waren die Menschen in Bewegung gewesen, die Klimabewegung hatte globale Ausmaße erreicht, eine starke Stimme entwickelt.

War es jetzt vorbei?

Greta sprang vom Rad. Als sie es abgeschlossen hatte, gingen wir durch die Automatiktüren des Haupteingangs. Gretas blauer Fahrradhelm mit Pinguinen baumelte hinter uns am Fahrradschloss.

Einige Wochen zuvor hatten wir bei Greta zu Hause in der Küche gesessen, die Hunde Moses und Roxy zu unseren Füßen. Es war das letzte Interview, bevor ich das Buch über Gretas Weg abschließen wollte, und Greta sagte, dass sie am Ende des Wegs angekommen sei.

»Ich könnte zum Mond fliegen und streiken, es würde keinen Unterschied machen. Die Botschaft kommt einfach nicht an.«

»Warum?«, fragte ich.

»Alle schieben sich gegenseitig die Schuld zu, Politiker, Journalisten und andere Entscheidungsträger. Irgendwer muss diesen Kreis durchbrechen. Irgendwer muss den Mund aufmachen und sagen, wie es ist«, erwiderte Greta.

»Wer?«, fragte ich.

Greta antwortete mit einer Gegenfrage.

»Ja, wer steht in der Verantwortung, die Krise zu vermitteln, sie den Menschen bewusst zu machen?«

Gretas Fahrrad stand abgeschlossen draußen vor dem Gebäude, sie im zweiten Stock, in der Redaktion der *Dagens Nyheter*. In dem großen, hellen Raum, der normalerweise als Kantine diente. Schräg hinter ihr stand Roger und fotografierte. Fast zwei Jahre lang waren wir in Gretas Welt zu Gast gewesen, jetzt war sie zu Gast in unserer.

Der Vorstand hatte sie eingeladen, um über das Thema »Journalismus und Klimakrise« zu sprechen, und auf den mit Abstand aufgestellten Stühlen saßen vierzig Mitarbeiter*innen der Zeitung und warteten. Mich eingeschlossen. Während Greta ein Mikrofon an den Pullover gesteckt bekam, sagte unser Redaktionsleiter Caspar Opitz ein paar Begrüßungsworte und schickte einige praktische Informationen vorweg. Eine Kamera übertrug seine Rede an alle Freelancer der Zeitung, die im Homeoffice saßen. Eine Markierung auf dem Boden zeigte ihm, wo er stehen musste, damit er im Bild war. Als er seine kleine Ansprache beendet hatte, wandte er sich an unseren Gast: »Damit überlasse ich dir das Wort, Greta.«

Ich betrachtete die junge Erwachsene, die in einem rosafarbenen Kapuzenpulli und einer locker sitzenden geblümten Hose vor uns stand. Ihre Haare hatte Greta zu einem Pferdeschwanz gebunden, es war lange her, dass ich sie mit Zopf gesehen hatte. Aber die äußerliche Veränderung war nur ein kleiner Teil der enormen Entwicklung, die Greta seit Rogers und meiner ersten Begegnung mit ihr durchlaufen hatte.

Damals war sie ein stilles, scheues Mädchen mit einem fast nach innen gekehrten Blick, das vor wenigen Monaten eine Depression bewältigt hatte und gerade erst begann, mit Menschen außerhalb des engsten Familienkreises zu reden. Vor meinem ersten Interview mit Greta war ich unsicher gewesen, wie ich mich ihr gegenüber verhalten sollte. Ich bereitete mich darauf vor, ein labiles junges Mädchen zu treffen.

Heute stand eine der einflussreichsten Meinungsbildner*innen der Welt vor mir. Greta sagte:

»Schmelzende Gletscher und Waldbrände, schwindendes Meereis und ansteigende Meeresspiegel, tödliche Hitzewellen, der Rückgang des arktischen Meereises, Extremwetter, tauender Permafrost, Waldsterben, Artensterben, Orkane, Überschwemmungen, Massensterben, all das sind Symptome der Klimakrise, die sich um uns herum vor unseren Augen abspielt, rund um die Uhr. Und es sind Ereignisse, über die ihr in eurer Zeitung schreibt.«

Greta schwieg und blickte über die Köpfe der anwesenden Journalist*innen im Raum in die Kamera. Dann fuhr sie fort:

»Manchmal. Ihr glaubt, ihr schreibt pausenlos darüber, aber das tut ihr nicht. ›Das Klima ist superwichtig‹, ›Das Klima ist eine Schicksalsfrage‹, sagt ihr. Alle sagen das. Aber die Klimakrise ist etwas völlig anderes, und über die Klimakrise schreibt ihr so gut wie nie.«

Rogers Kamera ratterte im Hintergrund. Gretas Weg zu begleiten hatte ihn berührt. Einen Mann, der als Fotojournalist über fast alles berichtet hatte, über das es etwas zu berichten gab. Über jeden Krieg und bewaffneten Konflikt, der in seinem Erwachsenenleben stattgefunden hatte – in der Golfregion, in Bosnien, in Darfur, im Irak, in Syrien. Er war durch Nordkorea gereist und hatte auf der ganzen Welt Revolutionen, Nachrichtenereignisse und Sportveranstaltungen dokumentiert.

Während einer Rast auf der Autofahrt im Anschluss an die Madrider Klimakonferenz, als wir Greta gerade zu ihrer Ernennung zur »Person des Jahres« gratuliert hatten, sah Roger mich an und sagte: »Unglaublich, dass wir bei alldem dabei sein dürfen.«

Sein Wissen über die Klimakrise hat seinen Blick auf die Welt verändert. »Als ich in den fünfziger und sechziger Jahren aufwuchs, waren die Leute von einem unglaublichen Zukunftsglauben erfüllt«, sagt er. »Meine Kinder haben mittlerweile auch eine ganze Menge über die Klimakrise gelesen, und ich merke, dass sie sich ein ganz anderes Bild von der Zukunft machen als ich. Ein konkreteres. Wie ihre Zukunft aussehen wird und wie sie von ihr betroffen sein werden. Manchmal kriege ich ein schlechtes Gewissen, wenn ich das Thema anschneide, aus Angst, sie damit zu sehr zu belasten.«

Als Greta mit elf Jahren erkrankte, war es eine Reaktion auf das, was sie als Krisenleugnung der Gesellschaft empfand. Sie wusste so viel über das Klima, dass sich die Krise unmöglich übersehen ließ – aber sie fühlte sich mit dieser Erkenntnis im Stich gelassen. Wie können die Erwachsenen die Augen vor der Realität des Klimawandels verschließen, wenn die Erkenntnisse der Wissenschaft doch eindeutig sind?, dachte sie.

Inzwischen befand sich ihr »Schulstreik für das Klima« in Woche hundertzehn, und während Greta erst sechzehn und dann siebzehn Jahre alt geworden war, waren die globalen Treibhausgasemissionen unbeirrt weiter gestiegen. Der Rückgang während der Coronapandemie war lediglich ein kurzfristiger Nebeneffekt.

Die vereinzelten Klimameldungen, die in den Nachrichten Erwähnung fanden, wurden vor allem als hoffnungsvolle Zeichen gewertet, wie die zunehmende Konkurrenzfähigkeit von Windkraft oder der steigende Trend zu Elektroautos. Aber diese Hoffnung vermittelte eine falsche Sicherheit. Wer genauer hinschaute, konnte es deutlich sehen: Nirgends auf der Welt reagierten die Politiker*innen mit konkreten politischen Maßnahmen auf die Warnungen der Wissenschaft.

Schweden wird mit seinem nationalen Klimaziel, bis zum Jahr 2045 treibhausgasneutral zu sein, häufig als Vorreiter in Sachen Klimapolitik genannt. Allerdings ist dieses Ziel viel zu niedrig angesetzt, um das Pariser Abkommen zu erfüllen. Und ein Großteil der schwedischen Emissionen ist bei der Berechnung dieses Ziels von vornherein ausgenommen: Emissionen der internationalen Luft- und Schifffahrt, Emissionen, die bei der Stromerzeugung aus Biomasse entstehen, sowie Emissionen von im Ausland produzierten, aber im Inland konsumierten Gütern. 2019 meldete Schweden einen Gesamt-CO_2-Ausstoß von 51 Millionen Tonnen – addiert man die ausgeklammerten Wirtschaftssektoren hinzu, steigt die Zahl auf über 150 Millionen Tonnen.

Zudem sieht das schwedische Klimaziel vor, bis 2045 keine »Netto-Emissionen« zu verursachen – was bedeutet, dass die absoluten Emissionen um mindestens 85 Prozent gesenkt werden müssen. Der Rest soll durch andere Maßnahmen kompensiert werden. Zum Beispiel durch Erhöhung der CO_2-Speicherkapazität von Wäldern und Böden, durch Investitionen in ausländische Solarparks oder durch Herausfiltern von bereits erfolgten CO_2-Emissionen aus der Atmosphäre. Doch die dafür erforderlichen Technologien sind derzeit noch nicht in ausreichendem Maß vorhanden.

Obwohl diese angestrebten Klimaziele bei Weitem nicht genügen, ist Schweden nicht einmal ansatzweise in der Nähe, sie zu erfüllen. Mit den gegenwärtigen politischen Maßnahmen, prognostiziert die schwedische Behörde für Umwelt- und Naturschutz Naturvårdsverket, würde das Null-Emissions-Ziel 2045 erst zur Hälfte umgesetzt sein.

IN DER KANTINE DER DAGENS NYHETER musste Greta jetzt das Geratter einer automatischen Markise übertönen, die draußen vor den hohen Fenstern ausfuhr. Sie hatte ihre Rede auf drei DIN-A4-Seiten ausgedruckt und hielt die Blätter in der Hand. Hin und wieder warf sie einen kurzen Blick darauf, doch den Großteil kannte sie auswendig.

»In der Klimakrise geht es heute im Prinzip nur noch um eins«, sagte sie. »Und zwar um Zeit. Was wäre, wenn man bei allen Nachrichten mit dem Satz ›Wir kämpfen gegen die Uhr‹ den Zeitaspekt ausklammert? Was bliebe dann? Feuerwehrleute, die gemütlich zur Wache schlendern, sich in die Löschfahrzeuge setzen und auf dem Weg zum Brand noch einen Zwischenstopp im Drive-in machen?«

Greta fuhr fort:

»Wenn man den Zeitaspekt ausklammert, ist die Klimakrise gar keine Krise. Dann könnten wir weitermachen wie bisher und die Lösung des Problems auf später vertagen. Zum Beispiel auf das Jahr 2030, 2045, oder warum nicht 2050?«

Bei unserem Interview am heimischen Küchentisch hatte Greta einige ihrer Begegnungen mit führenden Staats- und Regierungschefs geschildert. »Alle Gespräche sind im Prinzip gleich abgelaufen, egal ob mit Merkel, von der Leyen oder anderen Politikern«, erzählte sie.

»Sie sagen ›Dieses oder jenes versuchen wir umzusetzen‹ oder ›Wir wissen, dass das in den Augen von euch jungen Klimaaktivisten nicht ausreicht, aber wir bemühen uns. Es sind Schritte in die richtige Richtung.‹

Und dann sage ich: ›Dass diese Schritte nicht ausreichen, ist nicht unsere Meinung. Dass sie die Vorgaben des Pariser Abkommens nicht erfüllen, kann man schwarz auf weiß nachlesen. Wenn ihr so weitermacht, gebt ihr das Pariser Abkommen auf.‹

Und dann sagen sie: ›Ja, uns ist bewusst, dass diese Maßnahmen nicht an die Klimaziele des Pariser Abkommens heranreichen, aber wir bewegen uns in die richtige Richtung.‹ Aber …«, resümierte Greta damals. »Für kleine Schritte in die richtige Richtung ist die Zeit schon lange abgelaufen.«

Jetzt sagte sie zu den versammelten *Dagens Nyheter*-Mitarbeiter*innen:

»Ich habe keinen einzigen Politiker getroffen, der bereit ist, das zu tun, was die Erkenntnisse der Wissenschaft verlangen. Warum? Ganz einfach: Es gibt keine breite öffentliche Meinung, die Handlungsdruck erzeugt. Die Menschen sind nicht ausreichend informiert, wie akut die Situation ist, in der wir uns befinden. Und solange wir nicht begreifen, dass wir uns in einer

Krise befinden, kann kein gesellschaftlicher Druck entstehen, der politisches Handeln einfordert, und die Politiker können die Frage weiter ignorieren.«

Greta sah kurz in ihr Redemanuskript, dann wandte sie den Blick wieder ihrem Publikum zu.

»Die Medien werden häufig als ›vierte Gewalt‹ im Staat bezeichnet. Sie haben die Aufgabe, die Menschen über aktuelle Themen zu informieren, über Themen, die uns betreffen, die lebenswichtig für uns sind«, sagte sie. »Und ihr, die Medien, seid ehrlich gesagt fast unsere letzte Hoffnung. Niemand außer euch hat die Möglichkeit, die Öffentlichkeit in der kurzen Zeit, die uns noch bleibt, mit den Informationen und dem Wissen über die Klimakrise zu erreichen, das bei den Menschen ankommen muss.«

Greta faltete ihr Redemanuskript zusammen, signalisierte, dass sie zum Ende kam.

»Wir hatten ein paar Schilder, Twitter-Accounts und Flugblätter. Die Medien, zu denen ihr gehört, haben die nötigen Ressourcen und die Möglichkeit, die Ausgangslage buchstäblich über Nacht zu verändern. Aber ob ihr von dieser Möglichkeit Gebrauch macht und eurer Verantwortung gerecht werdet, liegt bei euch.«

In der locker bestuhlten Kantine der *Dagens Nyheter* erklang höflicher Applaus. Als er verebbt war, trat Caspar Opitz, ein rotes Mikrofon mit *DN*-Logo in der Hand, zu Greta nach vorn.

»Vielen Dank, Greta«, sagte er. »Ich denke, wir haben noch Zeit für ein paar Fragen aus dem Publikum. Und wenn ich darf, würde ich gern den Anfang machen. Welche Forderung hast du an uns als Zeitung? Was wünschst du dir von uns als Redaktion der *Dagens Nyheter*?«

»Ganz einfach: Dass ihr die Klimakrise als Krise behandelt«, antwortete Greta. »Dass eure Berichterstattung auf dem aktuellen Forschungsstand der Wissenschaft basiert. Das Klima wird in den Medien wie eine Randnotiz behandelt, der man irgendwo in der Rubrik ›Verschiedenes‹ ein paar Zeilen widmet. Hin und wieder tritt es in den Vordergrund, weil gerade jemand eine Reportage darüber macht. Aber die Klimakrise ist viel mehr als eine Randnotiz. Sie wirkt sich auf alles auf. Auf jedes Thema, über das in den Medien berichtet wird. Und deshalb muss man es von vornherein als Dreh- und Angelpunkt nehmen.«

Anders als die Coronapandemie kam die Klimakrise schleichend. Doch an irgendeinem Punkt hat das Zusammenspiel aus politischer Untätigkeit, gezielten Desinformationskampagnen seitens der Wirtschaft und der Unwissenheit der Öffentlichkeit die »Klimafrage« zu einem Problem werden lassen, das alles veränderte. Aber wann genau war dieser Punkt erreicht? Wann wurde die Klimakrise eine Krise?

1988, als die CO_2-Konzentration in der Atmosphäre das »sichere Niveau« von 350 ppm überstieg und der Klimatologe James Hansen den US-Kongress vor menschengemachten Klimaveränderungen warnte? Oder früher? Als die fossile Brennstoffindustrie noch in den Kinderschuhen steckte und eine andere Entwicklung möglich gewesen wäre? Oder später? Denn über die Hälfte aller weltweiten CO_2-Emissionen wurden in den vergangenen dreißig Jahren verursacht.

Eine unserer Redakteurinnen bat um das Mikrofon.

»Man hört dir an, wie enttäuscht du von den Politikern bist, mit denen du gesprochen hast. Für mich klingt es so, als hättest du den Eindruck gewonnen, dass es nichts bewirkt, sie um Hilfe zu bitten«, sagte sie.

Greta verzog unwillig das Gesicht, schüttelte leicht den Kopf, als unsere Redakteurin fortfuhr:

»Was hast du in Zukunft vor? Willst du weiter mit Politikern sprechen und versuchen, sie zum Handeln zu bewegen?«

»So habe ich das nicht gemeint«, antwortete Greta. »Ich wollte damit sagen, dass keine politischen Möglichkeiten existieren, die erforderlichen Veränderungen durchzuführen, weil die breite öffentliche Meinung fehlt. Politiker haben die Aufgabe, den Willen ihrer Wähler umzusetzen. Und weil die Wähler nicht wünschen, dass die Vorgaben des Pariser Abkommens erfüllt werden – weil ihnen nicht bewusst ist, dass wir uns in einer Krise befinden –, können die erforderlichen Maßnahmen nicht ergriffen werden. Ich bin nicht enttäuscht. Aber am Ende des Tages ist es so, dass eins und eins immer zwei ergibt.«

Greta verstummte, dachte einen Augenblick nach:

»Aber … Entschuldigung, wie war die Frage? Was ich in Zukunft vorhabe?«

Meine Kollegin nickte.

»Ja, wenn ich gleich nach Hause komme, mache ich erst einmal Schulaufgaben.« Greta lächelte. »Aber im Großen und Ganzen werde ich wohl … versuchen, die Menschen weiter für das Vorhandensein der Klimakrise zu sensibilisieren und sie aufzuklären, damit sie verstehen. Erst wenn das nötige Krisenbewusstsein vorhanden ist, können wir einer Lösung näher kommen.«

Mein Interview mit Greta zu Hause an ihrem Küchentisch hatte ich mit der Frage beendet, ob sie aufgegeben habe. »Nein«, hatte sie, ohne zu zögern, geantwortet. Sie habe nicht aufgegeben, sie sei lediglich zu einer Einsicht gekommen. Wenn nicht andere Teile des Gesellschaftsapparats die Realität schilderten, wie sie war, dann spielte es keine Rolle, was sie tat. Erst müsse sich das Narrativ der Medien und der Politik über die Klimakrise ändern – vorher sei keine Veränderung möglich.

Caspar Opitz trat einen Schritt auf Greta zu. »Gibt es noch eine letzte Frage?«, fragte er. Niemand meldete sich. Caspar war im Begriff, Greta abschließend zu danken, als doch noch einer unserer Reporter die Hand hob. Er saß in der letzten Reihe, und Casper joggte zu ihm, um ihm das Mikrofon zu geben.

»Du weißt so viel über die Klimakrise«, sagte mein Kollege. »Du beschäftigst dich mit ihr und hast ihre Folgen gesehen. Was tust du, um nicht resigniert den Kopf in den Sand zu stecken?«

Noch vor wenigen Jahren war Greta so krank gewesen, dass ihr Leben nicht funktionierte. In einem unserer ersten Interviews erzählte sie: »Ich war deprimiert und traurig. Nirgends bewegte sich etwas. Wenn ich es schaffte, zum Einkaufen vor die Tür zu gehen, war ich so stolz darauf, dass ich es hinterher in mein Tagebuch schrieb.«

Die Wende kam, als ihre Eltern begannen, mit ihr über die Klimakrise zu sprechen, als ihre Argumente ihre Familie dazu bewogen, ihren Lebensstil zu ändern. Und als sie selbst zu handeln begann.

Greta antwortete:

»Wenn man das Ausmaß einer Krise wie der Klimakrise erkennt und sieht, dass man im Prinzip der Einzige ist, der handelt, bekommt man schnell das Gefühl, dass alles sinnlos ist. Aber wenn man versucht, etwas dagegen zu unternehmen, dann bekommt es einen Sinn, ein Ziel.«

Sie fuhr fort:

»Man muss sich selbst Ziele setzen und sagen: ›Ich werde alles tun, was ich kann‹ – und dann tut man es. Und dann kann man sagen: ›Ich habe das getan, was ich konnte.‹ «

»Man muss sich selbst
Ziele setzen und sagen:
›Ich werde alles tun,
was ich kann‹ –
und dann tut man es.
Und dann kann man
sagen:
›Ich habe das getan,
was ich konnte.‹«

FRIDA

Unter Pandemiebedingungen ist Greta zurück auf ihrem Platz vor dem schwedischen Parlament in Stockholm – mit einer begrenzten Teilnehmerzahl und unter Einhaltung der bestehenden Abstandsregeln.

Stockholm, 2. Oktober 2020

EPILOG

MEINE ZWILLINGE LAGEN Kopf an Fuß im untersten Fach unseres Bücherregals. Der Fußboden war mit Stofftieren und Legoklötzen übersät. Am Bein eines Esszimmerstuhls baumelte eine festgebundene Puppe. »Jetzt fliegen wir los«, schrie meine Tochter. »Wir fliegen zum Mars!«

Es war Donnerstag und ein ganz gewöhnlicher Chaosmorgen bei uns zu Hause. Seit Roger und ich Greta in der amerikanischen Prärie getroffen hatten, war über ein Jahr vergangen. Ein ereignisreiches und gleichzeitig durch Stillstand geprägtes Jahr. Ein Jahr, das von der Pandemie überschattet worden war, von Todesfällen und Abschieden. Von Existenzängsten, dem unfreiwilligen Verstummen der Kultur – und vom Homeoffice. Aber auch von Naturkatastrophen: Überschwemmungen, Waldbränden und Stürmen. Im Death Valley war mit 54,4 Grad Celsius ein neuer Rekord gemessen worden. Sibirien ächzte unter einer Hitzewelle. Schweden verzeichnete das wärmste Jahr seit Beginn der Wetteraufzeichnungen.

Mein Sohn verließ seinen Raumschiffplatz im Bücherregal, rannte zwei Runden um unser Sofa und rief seiner Zwillingsschwester zu: »Warte, ich muss noch meine Tasche holen, und meine Steckperlenplatte!«

Ich versuchte, mir Gehör zu verschaffen, bat meinen Sohn, sich mit seiner Schwester an den Küchentisch zu setzen, wo der Grießbrei in den Schüsseln kalt wurde. Wir würden zu spät in die Kita kommen, das Obstfrühstück verpassen. Er blickte mich verständnislos an.

»Nicht jetzt, Mama. Das Raumschiff startet doch gleich.«

Seine fünf Monate alte Schwester brabbelte in ihrem Maxi-Cosi vor sich hin. Hinter ihr liefen die SVT- Morgennachrichten. Ich beugte mich dichter zum Fernseher, um besser hören zu können. Bilder von sturmgepeitschten Palmen und Trümmerlandschaften, die kürzlich noch Behausungen gewesen sein mussten. Rettungskräfte halfen Menschen an einer Stelle aus einem Boot, an der normalerweise eine Autostraße zu verlaufen schien.

Eine Frau blickte in die Kamera. Sie konnte nicht viel älter als sechzig sein, aber sie sah ausgemergelt aus, ihr fehlten mehrere Zähne. Sturmböen zerrten am türkis-roten Halstuch der Frau, als sie sagte:

»Ich wohne seit zwanzig Jahren hier am Strand, aber so einen Orkan habe ich noch nie erlebt. Eta war schlimm, aber dieser ist schlimmer.«

Vor zwei Wochen erst war der Hurrikan Eta über dieselbe Region in Mittelamerika hinweggefegt. Dieser Orkan hieß Iota, und seine Windgeschwindigkeiten waren die stärksten, die in Nicaragua, einem der betroffenen Länder, je gemessen worden waren. Die beiden tropischen Wirbelstürme forderten Hunderte Todesopfer und zwangen Hunderttausende Menschen dazu, aus ihren Häusern zu fliehen. Dass die Wissenschaft seit Jahren einen deutlichen Zusammenhang zwischen dem Klimawandel und der zunehmenden Intensität von Wirbelstürmen aufzeigt, wurde in dem Nachrichtenbeitrag mit keinem Wort erwähnt. Aber das war eher die Regel als die Ausnahme.

Im Verlauf des Herbstes, während ich das Buch über Gretas Weg fertig schrieb, hatte ich versucht, mir einen Eindruck von der medialen Präsenz zu verschaffen, die Presse und Rundfunk der Klimakrise beimaßen. Ich las, hörte und schaute genau hin. Zählte Zeitungsartikel und Fernsehberichte. Es waren nicht viele, und die Beiträge und Reportagen, die es gab, erwähnten die Klimakrise eher am Rand. Sie war nie der eigentliche Anlass der Berichterstattung, und wenn doch einmal von neuen verheerenden Auswirkungen des Klimawandels gesprochen wurde, fand keine ursächliche Einordnung statt.

Nicht ein Wort davon, dass die heftigen Wirbelstürme und Waldbrände nur ein Vorgeschmack von dem sind, was uns bevorsteht, wenn die Menschheit ihre Lebensweise nicht von Grund auf ändert. Nicht ein Wort, dass die Nutzung fossiler Brennstoffe die Erderwärmung beschleunigt, dass wir auf eine globale Erwärmung zusteuern, die menschliches Leben, wie wir es kennen, unmöglich werden lassen könnte. Oder dass die politischen Antworten lediglich an der Oberfläche des Problems kratzen: Der erforderliche Wille ist nirgends in Sicht – vom erforderlichen Handeln ganz zu schweigen.

Aus journalistischer Perspektive ist das unbegreiflich. Allein im »Vorreiterland« Schweden liegt eine Vielzahl aktueller Wissenschaftspublikationen zum Klimawandel vor, die Schlagzeilen produzieren sollten. Ein Blick in öffentliche Statistiken und Studien genügt:

Schwedens turnusmäßiger Emissionsbericht erfasst nur ein Drittel des Emissionsinventars der schwedischen Wirtschaft.

Um die Klimaziele des Pariser Abkommens zu erfüllen, müsste Schweden seine Treibausgasemissionen jährlich um 12 bis 15 Prozent reduzieren – Fakt ist jedoch, dass so gut wie keine Reduktion stattfindet.

Das von der schwedischen Regierung geschnürte Klimapaket – das weit hinter den Vorgaben des Pariser Abkommens zurückbleibt – reicht gerade mal so weit, die halbe Strecke bis zum Ziel zurückzulegen.

Trotzdem bleiben die Brennpunkte und Sonderberichte aus. Und vor allem: Niemand wird dafür in die Pflicht genommen.

Der Geräuschpegel am Bücherregal stieg, das Raumschiff verließ die Erde. Mit der kompletten Besatzung, inklusive Puppe. Aus der Nachbarwohnung drang zusätzlicher Lärm, wummernde Schläge gegen die Wand. Unser Nachbar renovierte sein Badezimmer.

Auf der ganzen Welt erklingt das Getöse menschlicher Aktivitäten, nirgends tritt auch nur einen Moment Stille ein. Nahezu alles, was wir tun, hat Auswirkungen auf die Natur. Und obwohl die Warnsirenen unseres Planeten immer wieder heulen, scheinen wir nicht fähig, echte Veränderungen zu vollziehen.

Ich stellte den Ton lauter.

»Die USA haben einen weiteren düsteren Meilenstein im Verlauf der Pandemie passiert«, teilte die Nachrichtensprecherin mit. »Nach Angaben der Johns-Hopkins-Universität sind in den USA mittlerweile nachweislich mehr als eine Viertelmillion Menschen an den Folgen einer Covid-19-Infektion gestorben.«

Seit Jahrzenten haben Wissenschaftler*innen verschiedenster Disziplinen vor den dramatischen Auswirkungen der ökologischen Krise und der Klimakrise gewarnt. Zu Stürmen, Waldbränden und Überschwemmungen addieren sich nun Millionen Menschen hinzu, die an den Folgen einer weltweiten Pandemie verstorben sind. Und das ist erst der Anfang.

Obwohl wir wissen, dass der menschliche Umgang mit der Natur Pandemien verursacht, liegt unser Fokus bei der Behandlung auf wirtschaftlichen Stimulierungsmaßnahmen.

Wir übertünchen, wir tragen noch eine Schicht Farbe mehr auf. Aber das Fundament ist verfault.

Die Zwillinge riefen, dass ich ihnen ihren Grießbrei zum Mars liefern sollte. Ihre kleine Schwester war müde und wollte auf den Arm genommen werden. Ich wiegte sie hin und her, während ich mir die letzte Meldung ansah, die Nachrichtenwert hatte.

»Mitarbeiter aus Donald Trumps Team haben dem Stab des designierten Präsidenten Biden ihre Hilfe zugesagt. Angeblich aus Frust über Trumps Weigerung, seine Niederlage einzugestehen.«

Die Kräfte, die die Klimakrise aus der öffentlichen Arena herauszuhalten wünschten, waren stark, die Post-Truth-Gesellschaft löste sich nicht in Luft auf, weil Donald Trump das Weiße Haus räumte. Der Disput zwischen Wahrheit und Wissenschaft auf der einen Seite und der Lüge auf der anderen ging weiter.

Meine jüngste Tochter schlief auf meiner Brust ein, ich strich mit meiner Wange über ihre weichen Locken. Sie atmete tief, lächelte im Schlaf. Welche Zukunft erwartete sie und ihre Generation?

Bei einem Spaziergang in Lissabon im Dezember 2019 habe ich Greta nach Hoffnung gefragt. Sie hatte gerade ihre zweite Atlantiküberquerung beendet und lief noch ein wenig schwankend über das portugiesische Kopfsteinpflaster.

»Die Hoffnung besteht darin, dass die Menschen bisher einfach nicht wussten, was passiert«, antwortete sie.

Ich habe seitdem viel darüber nachgedacht. Erst wenn die Krise den Kern der Debatte bildet, können wahre Lösungen in Reichweite kommen. Erst wenn ausreichend viele Menschen die Frage stellen, wird ihre Beantwortung möglich sein:

Wie soll so viel in so kurzer Zeit verändert werden?

DREI VON GRETAS REDEN

REDE BEI DER UN-KLIMAKONFERENZ

IN KATOWICE, POLEN
12. DEZEMBER 2018

Mein Name ist Greta Thunberg. Ich bin fünfzehn Jahre alt, und ich komme aus Schweden. Ich spreche im Namen von Climate Justice Now.

Viele Leute sagen, Schweden sei nur ein kleines Land und dass es keine Rolle spiele, was wir tun. Aber ich habe gelernt, dass niemand zu klein ist, um etwas zu bewirken. Und wenn ein paar Kinder weltweit Schlagzeilen produzieren, weil sie nicht zur Schule gehen – dann stellt euch doch mal vor, was wir alle gemeinsam bewirken könnten, wenn wir es wirklich wollten.

Doch um das zu tun, müssen wir die Dinge klar beim Namen nennen. Egal, wie unbequem das sein mag. Aber ihr redet immer nur vom ewigen grünen Wirtschaftswachstum, weil ihr zu viel Angst davor habt, euch unbeliebt zu machen. Ihr redet nur davon, mit denselben schlechten Ideen weiterzumachen, die uns diese Misere eingebrockt haben. Selbst dann, wenn es das einzig Vernünftige ist, die Notbremse zu ziehen.

Ihr seid nicht reif genug, die Dinge klar beim Namen zu nennen. Sogar diese Last bürdet ihr euren Kindern auf. Aber mich kümmert es nicht, ob ich beliebt bin. Mich kümmern Klimagerechtigkeit und das Überleben unseres Planeten.

Wir sind dabei, unsere Zivilisation zu opfern, damit einige wenige weiter Unmengen an Geld verdienen. Wir sind dabei, die Biosphäre zu opfern, damit reiche Leute in Ländern wie meinem im Luxus leben können. Aber den Luxus weniger bezahlen viele mit ihrem Leid.

2078 werde ich meinen fünfundsiebzigsten Geburtstag feiern.

Falls ich Kinder habe, werden sie diesen Tag vielleicht mit mir verbringen. Vielleicht werden sie mich nach euch fragen.

Vielleicht werden sie fragen, warum ihr nichts unternommen habt, als noch Zeit zum Handeln war. Ihr sagt, dass ihr eure Kinder über alles liebt. Und trotzdem stehlt ihr ihnen ihre Zukunft.

Solange ihr euch nicht auf das konzentriert, was getan werden muss, sondern auf das, was politisch möglich erscheint, gibt es keine Hoffnung. Wir können keine Krise lösen, ohne sie als Krise zu behandeln. Wir müssen die fossilen Brennstoffe im Boden lassen, und wir müssen uns auf Gerechtigkeit konzentrieren.

Und wenn es so unmöglich ist, innerhalb des Systems Lösungen zu finden, dann sollten wir vielleicht das System ändern.

Wir sind nicht hierhergekommen, um die führenden Politiker der Welt anzubetteln, sich zu kümmern. Ihr habt uns in der Vergangenheit ignoriert, und ihr werdet uns wieder ignorieren. Euch gehen die Ausreden aus, und uns läuft die Zeit davon.

Wir sind hierhergekommen, um euch zu sagen, dass der Wandel kommen wird, ob es euch gefällt oder nicht. Die wahre Macht gehört den Menschen. Danke.

REDE BEIM WELTWIRTSCHAFTSFORUM

IN DAVOS
25. JANUAR 2019

Unser Haus steht in Flammen.

Ich bin hier, um zu sagen, dass unser Haus in Flammen steht.

Nach Angaben des Weltklimarats IPCC sind wir weniger als zwölf Jahre von dem Punkt entfernt, an dem unsere Fehler nicht mehr rückgängig zu machen sind.

In diesem Zeitraum müssen beispiellose Veränderungen in allen Bereichen der Gesellschaft stattgefunden haben – einschließlich einer Reduzierung unserer CO_2-Emissionen um mindestens 50 Prozent. Ich weise darauf hin, dass in diesen Berechnungen nicht der Aspekt der Klimagerechtigkeit einkalkuliert ist, die für eine weltweite Umsetzung des Pariser Klimaabkommens unerlässlich ist. Auch Kipppunkte oder Rückkopplungseffekte wie die extrem starke Freisetzung von Methangas durch das Abtauen des arktischen Permafrostbodens sind nicht einkalkuliert.

An Orten wie Davos erzählen die Menschen gern Erfolgsgeschichten. Aber ihr finanzieller Erfolg hat einen unvorstellbar hohen Preis. Und in Bezug auf den Klimawandel müssen wir uns eingestehen, dass wir versagt haben.

Alle politischen Bewegungen in ihrer jetzigen Form haben versagt.

Die Medien haben darin versagt, ein breites öffentliches Bewusstsein zu schaffen.

Aber der *Homo sapiens* hat noch nicht versagt.

Ja, wir machen Fehler. Aber noch ist eine Kehrtwende möglich. Noch können wir unsere Versäumnisse korrigieren. Noch liegt alles in unseren Händen.

Aber wenn wir die Fehler unserer derzeitigen Systeme nicht erkennen, haben wir höchstwahrscheinlich keine Chance.

Wir stehen vor einer Katastrophe unsagbaren Leids für eine ungeheure Zahl von Menschen. Und jetzt ist nicht der Zeitpunkt, Höflichkeiten auszutauschen oder sich auf das zu konzentrieren, was wir sagen können oder nicht.

Jetzt ist es an der Zeit, Klartext zu reden.

Die Lösung der Klimakrise ist die größte und komplexeste Herausforderung, vor die der *Homo sapiens* je gestellt war. Die Hauptlösung ist jedoch so simpel, dass selbst ein kleines Kind sie versteht.

Wir müssen unsere Treibhausgasemissionen stoppen.

Und entweder tun wir das, oder wir tun es nicht. Ihr sagt, im Leben sei nichts schwarz oder weiß. Aber das ist eine Lüge. Eine sehr gefährliche Lüge.

Entweder wir verhindern eine globale Erwärmung um 1,5 Grad, oder wir verhindern sie nicht.

Entweder wir vermeiden, dass eine irreversible Kettenreaktion ausgelöst wird, die sich menschlicher Kontrolle entzieht – oder wir vermeiden es nicht.

Entweder wir entscheiden uns, als Zivilisation fortzubestehen, oder wir tun es nicht.

Schwarzweißer geht es nicht.

Es gibt keine Grauzonen, wenn es ums Überleben geht.

Jetzt haben wir alle die Wahl.

Wir können Veränderungen anstoßen, die die Lebensbedingungen für zukünftige Generationen sichern.

Oder wir können weitermachen wie bisher und versagen.

Das liegt an euch und an mir.

Manche sagen, wir sollen keinen Aktivismus betreiben. Sondern alles den Politikern überlassen und bei Wahlen für einen Wandel stimmen. Aber was tun wir, wenn der politische Wille nicht vorhanden ist? Was tun wir, wenn die erforderliche Politik nirgends in Sicht ist?

Hier in Davos – wie überall auf der Welt – reden alle über Geld.

Es scheint, als seien Geld und Wachstum unsere einzige große Sorge. Und da die Klimakrise eine Krise ist, die kein einziges Mal als Krise behandelt wurde, sind sich die Menschen der Konsequenzen unseres Lebensstils nicht bewusst. Die Menschen wissen nicht, dass es so etwas wie ein

CO_2-Budget gibt und wie unglaublich klein unser CO_2-Restguthaben ist. Und das muss sich heute ändern.

Keine andere gegenwärtige Herausforderung ist so akut wie die Schaffung eines breiten öffentlichen Bewusstseins und eines Verständnisses für unser rapide schwindendes CO_2-Guthaben, das unsere neue globale Währung und das Herzstück unserer zukünftigen und gegenwärtigen Wirtschaft werden sollte und werden muss.

Wir befinden uns jetzt an einem Punkt der Geschichte, an dem jeder, der mit der Klimakrise vertraut ist, die unsere Zivilisation und die gesamte Biosphäre bedroht, die Stimme erheben muss.

Mit klaren Worten.

Egal, wie unangenehm und unprofitabel es sein mag.

Wir müssen nahezu alles in unseren heutigen Gesellschaften verändern.

Je größer euer CO_2-Fußabdruck ist – umso größer ist eure moralische Verpflichtung.

Je größer eure Plattform ist – umso größer ist eure Verantwortung.

Erwachsene sagen ständig: »Wir sind es den jungen Leuten schuldig, ihnen Hoffnung zu geben.«

Aber ich will eure Hoffnung nicht.

Ich will nicht, dass ihr hoffnungsvoll seid.

Ich will, dass ihr in Panik geratet.

Ich will, dass ihr die Angst spürt, die ich jeden Tag spüre.

Und ich will, dass ihr handelt.

Ich will, dass ihr handelt, wie ihr es in einer Krise tun würdet.

Ich will, dass ihr handelt, als stünde euer Haus in Flammen.

Denn das tut es.

REDE VOR DEM US-KONGRESS

IN WASHINGTON, D.C.
18. SEPTEMBER 2019

Mein Name ist Greta Thunberg. Ich bin sechzehn Jahre alt, und ich komme aus Schweden. Ich bin dankbar, heute hier in den USA zu sein – einer Nation, die für viele Menschen das Land der Träume ist. Ich habe auch einen Traum.

Ich habe den Traum, dass Regierungen, politische Parteien und Wirtschaftskonzerne die Dringlichkeit der klimatischen und ökologischen Krise begreifen und sich ungeachtet ihrer Differenzen zusammentun – wie man es in einem Notfall tut – und gemeinschaftlich die nötigen Maßnahmen ergreifen, um allen Bürgern dieser Welt die Lebensgrundlagen für ein menschenwürdiges Dasein zu sichern. Denn dann könnten wir – Millionen streikende Jugendliche – wieder zur Schule gehen.

Ich habe den Traum, dass Politiker und Medien anfangen, diese Krise als die existenzielle Bedrohung zu behandeln, die sie ist. Damit ich nach Hause fahren könnte zu meiner Schwester und zu meinen Hunden. Weil ich sie vermisse.

Eigentlich habe ich viele Träume. Aber wir schreiben das Jahr 2019. Dies ist nicht der Zeitpunkt für Träume. Dies ist der Zeitpunkt aufzuwachen. Dies ist der Zeitpunkt in der Geschichte, an dem wir hellwach sein müssen.

Und ja, wir brauchen Träume, wir können ohne Träume nicht leben. Aber für alles gibt es eine Zeit und einen Ort. Und Träume dürfen nicht im Weg stehen, wenn es darum geht, die Dinge klar beim Namen zu nennen.

Doch wo immer ich hinkomme, scheine ich von Märchen umgeben zu sein. Wirtschaftsführer, gewählte Volksvertreter quer durch das gesamte politische Spektrum verbringen ihre Zeit damit, Gutenachtgeschichten zu erfinden und zu erzählen, die uns beruhigen und zurück in den Schlaf wiegen sollen.

Wohlfühlstorys, wie wir alles lösen werden. Wie wundervoll alles sein wird, wenn wir alles »gelöst« haben. Doch das Problem, vor dem wir stehen, ist nicht, dass wir nicht träumen oder uns keine bessere Welt vorstellen könnten. Das Problem besteht darin, dass wir aufwachen müssen. Es ist Zeit, der Realität ins Auge zu sehen, den Fakten, der Wissenschaft.

Und die Wissenschaft spricht nicht von »großartigen Gelegenheiten, die Gesellschaft zu erschaffen, die wir immer haben wollten«. Sie spricht von unsäglichem menschlichen Leid, das immer größer werden wird, je länger wir nicht handeln – es sei denn, wir handeln jetzt. Und ja, natürlich wird eine nachhaltig transformierte Welt viele neue Vorteile bieten. Aber eins muss klar sein: Dies ist nicht primär die Gelegenheit, neue grüne Jobs zu schaffen, neue Geschäftsfelder oder grünes Wirtschaftswachstum. Dies ist in allererster Linie ein Notfall, und nicht irgendein Notfall. Dies ist die größte Krise, vor der die Menschheit je gestanden hat.

Und als solche müssen wir sie behandeln. Damit die Menschen verstehen, dass wir in einer akuten Krise stecken, und die Dringlichkeit der Lage begreifen. Denn man kann keine Krise lösen, ohne sie als Krise zu behandeln. Hört auf, den Leuten zu erzählen, dass alles gut werden wird, wenn es, nach gegenwärtigem Stand, alles andere als »gut« werden wird. Diese Krise ist nichts, was man hübsch verpacken, verkaufen oder in den sozialen Medien »liken« kann.

Hört auf, so zu tun, als ob ihr, eure Geschäftsidee, eure politische Partei oder euer Plan alles lösen würde. Wir müssen einsehen, dass wir noch nicht alle Lösungen haben. Bei Weitem nicht. Es sei denn, diese Lösungen bestehen darin, dass wir aufhören, bestimmte Dinge zu tun.

Eine fatale Energiequelle durch eine etwas weniger fatale zu ersetzen ist kein Fortschritt. Emissionen nach Übersee auszulagern ist keine Emissionsreduktion.

Kreative Buchführung hilft uns nicht weiter. In Wahrheit ist sie der Kern das Problems.

Einige von euch wissen vielleicht, dass wir am 1. Januar 2018 noch zwölf Jahre Zeit hatten, unsere CO_2-Emissionen um die Hälfte zu reduzieren. Aber ich denke, kaum jemand von euch weiß, dass die Chance, die globale Erwärmung auf 1,5 Grad gegenüber der vorindustriellen Zeit zu begrenzen, aktuell bei 50 Prozent liegt. 50 Prozent.

Und in diesen aktuellen, den heutigen Stand der Wissenschaft widerspiegelnden Berechnungen sind weder nichtlineare Kipppunkte noch unvorhergesehene Rückkopplungseffekte wie die extrem starke Freisetzung von Methangas durch das immer schneller voranschreitende Abtauen des arktischen Permafrosts enthalten. Genauso wenig wie die durch Luftverschmutzung kaschierte Erderwärmung oder das Prinzip der Gleichheit, die Klimagerechtigkeit.

Eine 50-prozentige Chance – die statistische Wahrscheinlichkeit eines Münzwurfs – wird auf keinen Fall genügen. Das wäre moralisch nicht zu verantworten.

Würde irgendjemand von euch in ein Flugzeug steigen, wenn ihr wüsstet, dass es mit 50-prozentiger Wahrscheinlichkeit abstürzt?

Um noch deutlicher zu werden: Würdet ihr eure Kinder in dieses Flugzeug setzen? Warum ist es so wichtig, unter der 1,5-Grad-Grenze zu bleiben? Das ist der Grenzwert, den die Wissenschaft fordert, um eine Destabilisierung des Klimas zu vermeiden, damit wir keine irreversible Kettenreaktion auslösen, die jenseits menschlicher Kontrolle liegt. Schon bei einem Temperaturanstieg von einem Grad Celsius tritt ein nicht hinnehmbarer Verlust von Leben und Lebensgrundlagen ein.

Also, wo fangen wir an?

Ich schlage vor, dass wir einen Blick in Kapitel 2 des im letzten Jahr veröffentlichten Berichts SR 1.5 des Weltklimarats werfen.

Auf Seite 108 heißt es, dass wir am 1. Januar 2018 noch ein Restbudget von 420 Gigatonnen CO_2 zur Verfügung hatten, um die globale Erwärmung mit 67 Prozent Wahrscheinlichkeit auf unter 1,5 Grad begrenzen zu können. Und natürlich ist diese Zahl heute schon viel niedriger, da wir einschließlich Landnutzung jährlich etwa 42 Gigatonnen CO_2 ausstoßen.

Bleiben unsere Emissionswerte auf dem Stand von heute, wird dieses Restbudget in weniger als achteinhalb Jahren verbraucht sein. Diese Zahlen sind nicht meine Meinung. Sie sind nicht die Meinung oder politische Ansicht von irgendjemandem. Dies ist die beste derzeit verfügbare Wissenschaft. Obwohl viele Wissenschaftler selbst diese Zahlen für zu moderat geschätzt halten, sind es die Zahlen, die alle Nationen durch den Weltklimarat anerkannt haben.

Wohlgemerkt: Diese Zahlen sind globale Werte, die nichts über den im Pariser Klimaschutzabkommen festgehaltenen Gerechtigkeitsaspekt aussagen, der für eine weltweite Umsetzung der Ziele des Abkommens unerlässlich ist. Das bedeutet, dass reichere Länder ihren gerechten Beitrag leisten und ihre

Emissionen wesentlich schneller auf null senken müssen, damit die ärmeren Länder ihren Lebensstandard verbessern und die Infrastruktur aufbauen können, über die wir schon verfügen: Verkehrswege, Krankenhäuser, Schulen, sauberes Trinkwasser und Elektrizität.

Die USA sind der größte CO_2-Verschmutzer der Geschichte. Sie sind auch der größte Ölproduzent der Welt. Und trotzdem sind sie die einzige Nation der Welt, die ihre klare Absicht bekundet hat, aus dem Pariser Klimaabkommen auszusteigen.

Weil es, Zitat: »ein schlechter Deal für Amerika war«.

Am 1. Januar 2018 hatten wir noch 420 Gigatonnen CO_2 zur Verfügung, um die globale Erwärmung mit 67 Prozent Wahrscheinlichkeit auf unter 1,5 Grad zu begrenzen. Mittlerweile ist diese Zahl auf weniger als 360 Gigatonnen gesunken.

Das sind sehr unbequeme Zahlen. Aber die Menschen haben das Recht, sie zu kennen. Und die ganz große Mehrheit von uns weiß nicht mal, dass diese Zahlen überhaupt existieren. Nicht einmal die Journalisten, denen ich begegne, scheinen sie je gehört zu haben.

Von den Politikern ganz zu schweigen. Und trotzdem sind alle felsenfest überzeugt, dass ihr politischer Plan die Krise in vollem Umfang lösen wird.

Aber wie sollen wir ein Problem lösen, das wir noch nicht einmal in vollem Umfang verstehen? Wie können wir das Gesamtbild und den aktuellen Stand der Wissenschaft einfach ignorieren?

Ich halte diese Vorgehensweise für sehr gefährlich. Egal, wie politisch der Hintergrund dieser Krise sein mag, wir dürfen nicht zulassen, dass sie weiter eine parteipolitische Frage bleibt. Das Klima und die ökologische Krise gehen über Parteipolitik hinaus. Nicht unsere politischen Kontrahenten sind unser Hauptfeind. Unser Hauptfeind ist die Physik. Und mit der Physik lassen sich keine »Deals« verhandeln.

Alle sagen, Opfer für das Überleben der Biosphäre zu bringen – und die Lebensgrundlagen künftiger und gegenwärtiger Generationen zu sichern –, sei ein Ding der Unmöglichkeit.

Aber Amerikaner haben in der Vergangenheit oft große Opfer gebracht, um unsägliche Widrigkeiten zu überwinden.

Denkt an die tapferen Soldaten, die am D-Day am Omaha Beach angelandet sind.

Denkt an Martin Luther King und die 600 anderen Bürgerrechtler, die alles riskiert haben, als sie von Selma nach Montgomery marschierten.

Denkt an Präsident John F. Kennedy, der 1962 verkündete, Amerika würde »noch in diesem Jahrzehnt einen Menschen auf den Mond bringen und andere Dinge unternehmen, nicht weil es einfach ist, sondern weil es schwer ist«.

Vielleicht ist es unmöglich.

Aber wenn man sich diese Zahlen vor Augen führt – wenn man sich den aktuellen Forschungsstand der Wissenschaft vor Augen führt, den alle Nationen anerkannt haben –, dann denke ich, dass wir genau damit konfrontiert sind.

Aber ihr dürft eure Zeit nicht mit Träumereien verbringen oder es als politischen Kampf betrachten, den es zu gewinnen gilt.

Und vor allem dürft ihr die Zukunft eurer Kinder nicht dem Zufall eines Münzwurfs überlassen.

Stattdessen müsst ihr euch geschlossen hinter die Wissenschaft stellen.

Ihr müsst handeln.

Ihr müsst das Unmögliche tun.

Denn Aufgeben ist niemals eine Option.

UNSER DANK GILT

Unseren Familien für ihren Rückhalt und ihre Unterstützung auf dem gesamten Weg.

Matilda E. Hanson für Unterstützung und Geduld. Für den Blick für Bilder und das entscheidende Augenmerk für den Text. Pär Björkman für kluge Hinweise und Ratschläge sowie für unschätzbare Hilfe bei der Bildauswahl und Herstellung. Malin Bonde für Zeit und Unterstützung. Åsa Beckman, Augustin Erba, Måns Mosesson, Peter Alestig, Björn Wiman, Mette Veje, Martin Jonsson und Caspar Opitz für wertvolle Hilfe beim Schreibprozess. Josefin Sköld und Lisa Röstlund für unermüdliches Lesen, Unterstützung und Zuspruch. Sanna Torén Björling für die gute Zusammenarbeit während der Europa-Etappe. Maria Westholm für die Arbeit mit der Grafik des Buchs. Rickard Frank für gute Zusammenarbeit und Gabriella Lindgren für das endgültige Layout. Hugo Ewald für unermüdliches Beisteuern von Sachinformationen und Screening der sozialen Medien. Hans Rosén, Mikael Holmström, Evelyn Jones, Henrik Brandão Jönsson und Carl Johan von Seth für ihre Hilfe bei Faktenchecks und ihr fachliches Feedback innerhalb ihres jeweiligen Gebiets. Ivar Karlsson vom Reisebüro im Kalmarer Hauptbahnhof, ohne dessen Hilfe wir gar nicht hätten reisen können. Nathan Grossman für gute Zusammenarbeit während der ersten Etappe. Imogen Ashford, Joe Myerscough und Rob Liddell »for great company and cooperation on parts of the journey«. Markku Rummukainen, Isak Stoddard und Johan Rockström für unermüdliches Korrekturlesen und Beratung bei wissenschaftlichen Passagen.

Eventuelle Fehler oder Ungenauigkeiten im Buch sind allein der Autorin des Texts zuzurechnen.

QUELLENVERZEICHNIS

VORWORT

Das Forschungsergebnis, dass bei anhaltend hohem Treibhausgasausstoß eine globale Erwärmung von zwei Grad Celsius bereits um 2040 erreicht sein wird, stammt u.a. aus dieser Quelle: https://www.dn.se/klimatet-just-nu/#temperatur

1. DIE ENTSCHEIDUNG

Der Artikel, mit dem Greta den Schreibwettbewerb des *Svenska Dagbladet* gewann, ist hier verfügbar: https://www.svd.se/vi-vet--och-vi-kan-gora-nagot-nu

Bei den beiden genannten Büchern handelt es sich um: *Siden, sammet, trasa, lump* (dt.: Seiden, Samt, Lappen, Lumpen) von Solveig Olsson-Hultgren *Eine Insel im Meer von Annika Thor.*

Die Fakten in Martin Hedbergs Wortbeitrag basieren auf folgenden Quellen: https://science.sciencemag.org/content/362/6421/1339.summary

https://climate.nasa.gov/climate_resources/7/graphic-carbon-dioxide-hits-new-high/https://phys.org/news/2019-04-dire-future-etched-co2-million.html

WIE VIEL ZEIT BLEIBT UNS NOCH?

Die Angabe, dass die CO_2-Konzentration in der Erdatmosphäre heute höher ist als seit mindestens 2,6 Millionen Jahren, ist im Sachstandsbericht AR5 des Weltklimarats, Abschnitt 5.2.2.2. nachzulesen.

Dass die globale Mitteltemperatur 2020 1,2 Grad Celsius über dem vorindustriellen Wert lag, basiert auf dieser Quelle: https://climate.copernicus.eu/2020-warmest-year-record-europeglobally-2020-ties-2016-warmest-year-recorded

Die Angabe über das verbleibende globale CO_2-Budget, das eine 67-prozentige Chance auf die Einhaltung des 1,5-Grad-Ziels des Pariser Abkommens gewährt, ist im IPCC-Sonderbericht SR 1.5, Kapitel 2, Tabelle 2.2. nachzulesen.

Die Angabe, dass Auffangtechniken für CO_2 nicht in ausreichendem Umfang verfügbar sind, stammt von Seite 158, Kapitel 2 des IPCC-Sonderberichts »1,5 Grad globale Erwärmung« vom Oktober 2018.

Die Angabe der Verweildauer von CO_2 in der Atmosphäre stammt aus dem IPCC-Sonderbericht AR5 WGI Kapitel 6, Faktenbox 6.1: https://www.ipcc.ch/site/assets/uploads/2018/02/WG1AR5_Chapter06_FINAL.pdf

Die Studie, aus der hervorgeht, welche Länder historisch die größte Emissionsschuld tragen, ist hier verfügbar: https://www.youtube.com/watch?v=jx85qK1ztAc

Die Studie, aus der hervorgeht, dass das reichste eine Prozent der Erdbevölkerung doppelt so viele Emissionen verursacht hat wie die ärmsten fünfzig Prozent, ist hier verfügbar: https://www.sei.org/wp-content/uploads/2020/09/research-report-carbon-inequality-era.pdf

Der Bericht der Universität Uppsala und des Tyndall Center for Climate Change ist hier verfügbar: https://www.tandfonline.com/doi/full/10.1080/14693062.2020.1728209

Die Forschungsergebnisse, dass Luftverschmutzungen Wärmestrahlung abfangen, stammen aus diesen Quellen: https://www.scientificamerican.com/article/cleaning-up-air-pollution-may-strengthen-global-warming/ https://lup.lub.lu.se/luur/download?func=downloadFile&recordOId=1858596&fileOId=1858603

WIE IST ES SO WEIT GEKOMMEN?

Die Angabe, dass Wissenschaftler schon im 19. Jahrhundert Temperaturanstiege auf den Gehalt von Wasserdampf und CO_2 in der Atmosphäre zurückgeführt haben, basiert auf dieser Quelle: https://www.smhi.se/polopoly_fs/1.166772!/Meteorologi_119%20V%C3%A4xthus-effekten.pdf

Die Angabe, dass der Industrie die Auswirkungen von Treibhausgasemissionen bekannt waren, basiert u.a. auf diesen Quellen: https://www.theguardian.com/environment/climate-consensus-97-per-cent/2018/jan/01/on-its-hundredth-birthday-in-1959-edward-teller-warned-the-oil-industry-aboutglobal-warming
https://www.smokeandfumes.org/documents/7

Die Angaben zum Bericht von Lyndon B. Johnsons wissenschaftlichem Beratergremium basieren auf diesen Quellen: http://www.climatefiles.com/climate-change-evidence/presidents-report-atmospher-carbon-dioxide/
https://www.theguardian.com/environment/climate-consensus-97-per-cent/2015/nov/05/scientists-warned-the-president-about-global-warming-50-years-ago-today

Die Angabe, dass die CO_2-Konzentration in der Atmosphäre 1988 350 ppm überschritten hat, basiert auf dieser Quelle: https://data.giss.nasa.gov/modelforce/ghgases/Fig1A.ext.txt

Eine Transkription von Margaret Thatchers Rede ist hier verfügbar: https://www.margaretthatcher.org/document/107817

Die Angabe über die weltweit projektierte Produktion von fossilen Brennstoffen, die das für die Einhaltung des 1,5-Grad-Ziels des Pariser Klimaabkommens zur Verfügung stehende CO_2-Budget um 120 Prozent übersteigt, basiert auf dieser Quelle: https://wedocs.unep.org/bitstream/handle/20.500.11822/30822/PGR19.pdf?sequence=1&isAllowed=y

Die Angabe, dass die Fossilindustrie eine der stärksten Branchen der Welt ist, geht aus der Liste der US-amerikanischen Zeitschrift *Fortune* hervor: https://fortune.com/global500/2019/

Die Beschreibung der Beschwichtigungs- und Desinformationsstrategien der fossilen Brennstoffindustrie basiert u.a. auf diesen Quellen: https://www.climatechangecommunication.org/wp-content/uploads/2019/10/America_Misled.pdf
https://www.desmogblog.com/global-climate-coalition
https://insideclimatenews.org/news/15092015/Exxons-own-research-confirmed-fossil-fuels-role-in-global-warming

Eine Studie über die Subventionierung von Klimaleugnerlobbys ist hier verfügbar: https://link.springer.com/article/10.1007/s10584-013-1018-7

Die Angaben der zentralen Aufgaben des Journalismus stammen aus: Kovach & Rosenstiel, *Elements of Journalism*, dritte Auflage. Three Rivers Press, New York 2007.

Quellen der auf das Kapitel folgenden Grafik: Die Angaben zur Einstellung der Bevölkerung zum Klimawandel in verschiedenen Ländern basieren auf dem Reuters Digital News Report 2020: https://reutersinstitute.politics.ox.ac.uk/sites/default/files/2020-06/DNR_2020_FINAL.pdf 276

Die Aussage, dass rechtspopulistische Sympathien in Onlinepanels in der Vergangenheit überschätzt worden sind, basiert auf dieser Quelle: https://www.svd.se/sd-siffror-gav-falsk-bild-behovs-en-forklaring

Die Aussage, dass die Anhänger der rechtspopulistischen Schwedendemokraten skeptischer gegenüber der Klimakrise sind als der Durchschnittswähler, basiert auf dieser Quelle: https://www.svt.se/nyheter/inrikes/majoritet-tycker-att-politikerna-inte-tar-klimathotet-pa-allvar

Die Angabe, dass dem Kyoto-Protokoll eher eine symbolische Funktion zufällt, basiert auf dieser Quelle: https://www.washingtonpost.com/wp-dyn/articles/A27318-2005Feb15.htm

Die Angaben zu James Black und Exxon basieren auf dieser Quelle: https://insideclimatenews.org/news/15092015/Exxons-own-research-confirmed-fossil-fuels-role-in-global-warming

Die Angaben über den Widerstand der Industrielobby gegen das Kyoto-Protokoll basieren auf diesen Quellen: http://www.climatefiles.com/trade-group/american-petroleum-institute/1998-global-climate-science-communications-team-action-plan/

https://www.nytimes.com/1998/04/26/us/industrial-group-plans-to-battle-climate-treaty.html

4. HOW DARE YOU?

Das Protokoll der COP1 unter Vorsitz von Angela Merkel ist hier verfügbar: https://unfccc.int/resource/docs/cop1/07.pdf

Die Teilnehmerzahlen des weltweiten Klimastreiks im September 2019 sind hier nachzulesen: https://globalclimatestrike.net/7-million-people-demand-action-after-week-of-climate-strikes/

5. IN DER PRÄRIE

Die Angabe, dass die G20-Länder fossile Brennstoffe jährlich mit einem Gegenwert von über 500 Milliarden Euro subventionieren, basiert auf dieser Quelle: https://www.iisd.org/system/files/2020-11/g20-scorecard-report.pdf

Die Angabe, dass die schwedische Regierung fossile Brennstoffe jährlich mit Steuervergünstigungen in Höhe von ca. 12 Milliarden Kronen subventioniert, basiert auf dieser Quelle: https://www.naturskyddsforeningen.se/klimatskadliga-subventioner

6. GEGENKRÄFTE

Die Angabe, dass die kanadische Provinz Alberta die fünftgrößte ölproduzierende Nation wäre, basiert auf dieser Quelle: https://www.nationalgeographic.com/environment/2019/04/alberta-canadas-tar-sands-is-growing-but-indigenous-people-fight-back/

Die Angabe, dass beim Ölsandabbau im kanadischen Alberta viermal so viel CO_2 freigesetzt wird wie bei konventionellen Ölförderungsmethoden, basiert auf diesen Quellen: https://www.macleans.ca/economy/scrubbing-the-oil-sands-record/ https://science.sciencemag.org/content/361/6405/851.summary

Das Verfahren des Ölsandabbaus in Alberta und dessen Ausmaß kann hier nachgelesen werden: https://www.suncor.com/en-ca/about-us/history/the-oil-sands-story

https://www.alberta.ca/oil-sands-facts-and-statistics.aspx

Die Einkommenszahlen von Ölarbeiter*innen in Alberta sind hier verfügbar:

https://alis.alberta.ca/occinfo/wages-and-salaries-in-alberta/oil-and-gas-well-drilling-and-related-workers-and-services-operators/8412/

Die Angabe, dass das Ölsand-Abbaugebiet in Alberta größer ist als Griechenland, basiert auf diesen Quellen: https://www.alberta.ca/oil-sands-facts-and-statistics.aspx https://www.nationsencyclopedia.com/Europe/Greece-LOCATION-SIZE-AND-EXTENT.html#ixzz6OrIaWw9H

7. PLANÄNDERUNG

Die Angaben über die Waldbrände entstammen diesen Quellen: https://www.fire.ca.gov/media/4jandlhh/top20_acres.pdf
https://www.newscientist.com/article/2221296-california-fires-see-200000-evacuated-while-3-million-may-lose-power/
https://www.aftonbladet.se/nyheter/a/Xw065n/darfor-brinner-det-sa-ofta-i-kalifornien
https://www.businessinsider.com/california-wildfire-crisis-getting-worse-climate-change-2019-10?r=US&IR=T
https://www.expressen.se/nyheter/klimat/branderna-i-kalifornien-ar-det-en-klimateffekt/
http://climateandlife.columbia.edu/2016/10/10/climate-change-has-doubled-western-u-s-forest-fire-area/
http://climateandlife.columbia.edu/2016/10/10/climate-change-has-doubled-western-u-s-forest-fire-area/

WORAUF STEUERN WIR ZU?

Die Angabe, wie sich eine Erderwärmung von einem Grad Celsius auf den Planeten auswirkt, kann u.a. hier nachgelesen werden: https://www.worldweatherattribution.org/

Die Angabe, dass Missernten dem Klimawandel zuzuordnen sind, basiert auf diesen Quellen: https://www.bloomberg.com/news/articles/2021-04-01/a-fifth-of-food-outputgrowth-has-been-lost-to-climate-change
https://www.wfp.org/stories/what-is-famine

Der Wissenschaftsbericht über die »Tipping Points« des Planeten ist hier verfügbar: https://www.nature.com/articles/d41586-019-03595-0#correction-0

Der Ursprungsbericht von 2008 ist hier verfügbar: https://www.pnas.org/content/105/6/1786

Die Angabe über den Schwund der Wildnis ist hier nachzulesen:https://www.nature.com/articles/d41586-018-07183-6

Der »Living Planet Report« des WWF ist hier verfügbar: https://livingplanet.panda.org/en-gb/

Die Schilderung des Amazonasgebiets und seines Tipping Points basiert auf dieser Quelle: https://www.theguardian.com/environment/2020/oct/05/amazon-near-tipping-point-of-switching-from-rainforest-to-savannah-study

Die Angabe, dass der Permafrost ein Viertel der Landfläche der nördlichen Halbkugel bedeckt, entstammt dieser Quelle: https://www.nature.com/articles/s41598-019-39942-4

Die Angabe über das Permafrostgebiet in Nordschweden basiert auf dieser Quelle: https://gmv.gu.se/Aktuellt/nyheter/Nyheter+Detalj//-palsmyrar-i-norra-sverige-forsvinner-i-allt-snabbare-takt.cid1688429

Die Angabe über die klimaschädigende Wirkung von Methangas basiert auf dieser Quelle: https://www.nationalgeographic.com/environment/global-warming/methane/

Die Angabe, dass in den Permafrostböden der Erde doppelt so viel CO_2 enthalten ist wie derzeit in der Atmosphäre, basiert auf dieser Quelle: https://www.nature.com/articles/d41586-019-01313-4#ref-CR1

Die Angabe, dass die Westantarktis möglicherweise einen Tipping Point überschritten hat, basiert auf diesen Quellen: https://www.nature.com/articles/d41586-019-03595-0, https://www.theguardian.com/environment/2019/nov/27/climate-emergency-world-may-have-crossed-tipping-points
https://www.theguardian.com/environment/2014/may/12/western-antarctic-ice-sheet-collapse-has-already-begun-scientists-warn

Die Angabe, dass Grönland möglicherweise einen Tipping Point überschritten hat, basiert auf diesen Quellen: https://news.osu.edu/warming-greenland-ice-sheet-passes-point-of-no-return/
https://www.nature.com/articles/s43247-020-0001-2

Die Angabe, dass die Arktis ihren Tipping Point überschritten haben kann, basiert auf dieser Quelle: https://www.dn.se/klimatet-just-nu/#istacket

Die Angabe, dass 2019 fast 24 Millionen Menschen aufgrund des Klimawandels aus ihrem Zuhause geflüchtet sind, basiert auf dieser Quelle: https://www.internal-displacement.org/global-report/grid2020/

Die Studie, aus der hervorgeht, dass binnen der nächsten fünfzig Jahre 1 bis 3 Milliarden Menschen gezwungen sein könnten, in »im Prinzip unbewohnbaren« Landstrichen zu leben, ist hier nachzulesen: https://www.pnas.org/content/117/21/11350

Die Studie, aus der hervorgeht, dass es im Jahr 2050 200 Millionen Klimaflüchtlinge geben könnte, ist hier verfügbar: https://www.jstor.org/stable/3066769?seq=1

Die Studie, aus der hervorgeht, dass es im Jahr 2050 1,2 Milliarden Klimaflüchtlinge geben könnte, ist hier verfügbar: http://www.visionofhumanity.org/wp-content/uploads/2020/10/ETR_2020_web-1.pdf

Weitere Fakten zu Klimaflüchtlingen und Klimaflucht sind hier verfügbar: https://www.svd.se/dodshettan-redan-har--driver-manniskor-pa-flykt

9. IM ZENTRUM DES GESCHEHENS

Eine Zusammenfassung von Erica Chenoweths Forschung ist hier verfügbar: https://www.bbc.com/future/article/20190513-it-only-takes-35-of-people-to-change-the-world

10. HEIMWEG

Die Angabe der Länder, die bei der COP25 die Verhandlungen blockierten, basiert auf dieser Quelle: https://www.dn.se/nyheter/varlden/klimatmotet-hettar-till-tre-lander-pekas-ut/

Die Angaben zu den Verschwörungstheorien basieren auf diesen Quellen: https://factcheck.afp.com/greta-thunberg-target-disinformation-around-world
https://www.reuters.com/article/uk-factcheck-greta-thunberg-chopsticks-idUSKBN22P2PV
https://www.polygraph.info/a/greta-thunberg-russia-investigation/30224037.html

11. EINE KRISE, DIE WIE EINE KRISE BEHANDELT WIRD

Der »Pandemics Report« des IPBES ist hier verfügbar: https://ipbes.net/sites/default/files/2020-12/IPBES%20Pandemics%20Report%20Media%20Release.pdf

Die Angabe, dass der Rückgang der Emissionen während der Coronapandemie nur ein kurzfristiger Einschnitt war, basiert auf diesen Quellen: https://yle.fi/uutiset/osasto/news/wmo_secretary-general_covid-related_dip_in_emissions_now_over/11611899
https://ipbes.net/sites/default/files/2020-11/201104_IPBES_Workshop_on_Diversity_and_Pandemics_Executive_Summary_Digital_Version.pdf

12. IST ES VORBEI?

Die Klimaziele der schwedischen Regierung können hier nachgelesen werden: https://www.naturvardsverket.se/Miljoarbete-i-samhallet/Miljoarbete-i-Sverige/Uppdelat-efter-omrade/Klimat/Sveriges-klimatlag-och-klimatpolitiska-ramverk/

Die Angabe, dass über die Hälfte der weltweiten Emissionen nach 1988 erfolgt sind, basiert auf dieser Quelle: https://ieep.eu/news/more-than-half-of-all-co2-emissions-since-1751-emitted-inthe-last-30-years

Die Angabe, dass die bis dato beschlossenen klimapolitischen Maßnahmen der schwedischen Regierung lediglich ausreichen, um das gesteckte Klimaziel von Null-Emissionen im Jahr 2045 zur Hälfte zu erfüllen, basiert auf dieser Quelle: https://www.naturvardsverket.se/upload/miljoarbete-i-samhallet/miljoarbete-i- sverige/regeringsuppdrag/2020/Naturvardsverkets-underlag-for-klimatredovisning-enligt-klimatlagen.pdf

EPILOG

Die Angabe, dass sich der Klimawandel in der zunehmenden Intensivierung von Stürmen und Orkanen zeigt, basiert auf dieser Quelle: https://www.nature.com/articles/s41586-020-2867-7

SONSTIGES

Der Wortlaut des Pariser Klimaschutzabkommens ist hier verfügbar: https://unfccc.int/files/essential_background/convention/application/pdf/english_paris_agreement.pdf

Der Sonderbericht des Weltklimarats »1,5 Grad globale Erwärmung« ist hier verfügbar: https://www.ipcc.ch/sr15/download/

Letztes Abrufdatum aller Online-Quellen: 9. August 2021.

DIE AUTOR*INNEN

© Greta Thunberg

ALEXANDRA URISMAN OTTO, geb. 1982, studierte Jura in Lund. Sie arbeitet als Journalistin für die *Dagens Nyheter*, wo sie u.a. regelmäßig über Greta Thunberg schreibt. Alexandra Urisman Otto hat drei Kinder und lebt mit ihrer Familie in Stockholm.

ROGER TURESSON, geb. 1956, ist einer der bedeutendsten schwedischen Fotojournalisten. Er hat u.a. die Jugoslawienkriege, den Gazakonflikt und den Zusammenbruch der Sowjetunion in preisgekrönten Bildern festgehalten und wurde viermal mit dem Swedish Picture of the Year Award ausgezeichnet.

DIE ÜBERSETZERIN

ULLA ACKERMANN, geb. 1978, studierte Skandinavistik, Germanistik und Anglistik in Münster und Lund. Nach dem Studium verbrachte sie mehrere Jahre in Stockholm. Seit 2015 lebt sie als freie Übersetzerin aus dem Schwedischen und Norwegischen in Kiel.